QUIERO QUE CONOZCAN MI PRIMER AMOR

Es como una varita mágica

Sandra Vergara Peralta

EDIQUID

QUIERO QUE CONOZCAN MI PRIMER AMOR
Es como una varita mágica

Editado por: Corporación Ígneo, S.A.C.
para su sello editorial Ediquid
Av. Arequipa 185 1380, Urb. Santa Beatriz. Lima, Perú
Primera edición, septiembre, 2022

ISBN: 978-612-5078-37-7
Tiraje: 50 ejemplares

Hecho el Depósito Legal en la Biblioteca Nacional del Perú N° 2022-08354
Se terminó de imprimir en septiembre de 2022 en:
ALEPH IMPRESIONES SRL
Jr. Risso Nro. 580 Lince, Lima

www.grupoigneo.com
Correo electrónico: contacto@grupoigneo.com
Facebook: Grupo Ígneo | Twitter: @editorialigneo | Instagram: @grupoigneo

Diseño de portada: Susana Santos
Corrección: Daniela Olivero
Diagramación: Gisela Toledo

Colección: Integrales

Índice de contenido

Dedicatoria . . . 7

Agradecimiento . . . 8

Introducción . . . 9

Citas usadas . . . 10

Es como una varita mágica . . . 11

El propósito de la vida . . . 19

- El amor . . . 20
- La disciplina . . . 20
- Queremos un mundo mejor . . . 23
- El propósito para el que fuimos creados . . . 26

Dejando huellas . . . 33

- ¿Están seguros de que aman a Dios? . . . 34

¿Saben cuál es la diferencia de agradar a Dios antes que al hombre? . . . 35

Educación cristiana para el hogar . . . 37

- La obediencia . . . 38
- La sabiduría . . . 39
- El verdadero motivo por el cual Dios nos ha permitido tener hijos . . . 41

Pobreza . . . 53

Mi primer amor tiene alas hermosas . . . 59

- Aprendan a identificar los sueños que vienen de parte de Dios . . . 59
- El secreto de la vida exitosa . . . 61
- Identifiquen los espíritus a ver si son de Dios . . . 62
- Nuestros pensamientos nos definen . . . 63
- Dios quiere que seamos fuertes . . . 64
- ¿Cómo alimentamos el espíritu? . . . 65

Dedicatoria

Esta obra está dedicada a ese público lector importante que, a pesar de las adversidades, no pierde las esperanzas: ustedes son mi mayor inspiración, los que aún creen en el amor, en la fe y en que, al hacer un gran cambio como individuos, pueden lograr grandes cosas.

También a mi familia, quien fue mi primer ánimo e impulso para redactar, sin ellos, quizá, habría sido difícil.

A mi hijo, la persona que siempre me dio ánimos y valor. Su frase, «Mami, tú puedes lograrlo», me fortaleció durante el tiempo que estuve dedicada a escribir. Hubo momentos en los que mi corazón y mi mente me confundieron, por ejemplo, durante la pandemia, pero mi hijo siempre estuvo allí apoyándome, sus palabras nunca las olvidaré: «Si Dios te ayuda a escribir, entonces su trabajo él lo va a terminar».

Por último, deseo dedicarla a todas esas personas que en algún momento me dijeron: «No creo que sea una buena idea», «la gente ni lee la Biblia», «seguro será una pérdida de tiempo», etc., sus opiniones actuaron como abono a mis ganas de perseverar y creer que sí existe un mundo allá afuera con ganas de leer un gran libro, sé que sí podemos ayudar a tener un mundo mejor con solo expresar nuestras ideas y jamás perderemos el tiempo invertido cuando se trate de literatura.

Agradecimiento

El principal ser al que deseo agradecerle es a Dios Padre, Hijo y Espíritu Santo, antes de escribir, le pedía su maravillosa voluntad para que me ayudara a encontrar respuestas, así fue como emprendí este hermoso viaje y descubrí en su palabra tantas cosas que desea mostrarnos, sin Él no lo hubiese logrado.

Introducción

La mayoría de las veces, las mejores historias son cuentos ficticios, como los cuentos de hadas, pero no siempre es así. Doy gracias a Dios que ese no ha sido mi caso, *Quiero que conozcan mi primer amor* es real, es único e inigualable.

Cuando aferramos nuestra fe y confianza al mundo, por lo general siempre salimos lastimados, esta obra nos enseñará que nada ni nadie debe influir en dañarnos.

Aprendí a confiar en su amor y en sus promesas y descubrí cosas maravillosas a lo largo de los años, deseo que ustedes también las descubran, por eso anhelo que lo conozcan, el personaje principal no solo es todo un caballero, logra que me enamore cada día más de Él.

Citas usadas

Quiero que conozcan mi primer amor es una obra inspirada en la lectura de la Biblia Reina Valera (1960), soy fiel creyente de que la sabiduría que viene de Dios solo puede ser descubierta por medio de su palabra.

«Por el camino de la sabiduría te he encaminado, y por veredas derechas te he hecho andar. Cuando anduvieres, no se estrecharán tus pasos, y si corrieres, no tropezarás. Retén el consejo, no lo dejes, guárdalo, porque eso es tu vida» (Proverbios 4:11-13).

«Adquiere sabiduría, adquiere inteligencia, no te olvides ni te apartes de las razones de mi boca, no la dejes, y ella te guardará; ámala, y te conservará» (Proverbios 4:5-6).

«Y si alguno de vosotros tiene falta de sabiduría, pídala a Dios, el cual da a todos abundantemente y sin reproche, y le será dada» (Santiago 1:5).

Es como una varita mágica...

Todos, en algún momento de nuestras vidas, hemos deseado tener una varita mágica, como esas que aparecen en los libros y en las películas de los cuentos infantiles. Cuando somos niños se nos antojan tantas cosas que nuestros padres, por alguna razón, no nos pueden dar, no es su voluntad hacerlo y no nos queda más remedio que llorar y luego olvidarlo.

Del mismo modo, a medida que crecemos, van cambiando nuestros deseos y muchos, por más que lo intentemos, son difíciles de cumplir. Luego, sin darnos cuenta, nos vemos frustrados y desanimados hasta el punto que llegamos a sentirnos estresados en nuestras vidas, ya sea porque terminamos haciendo un trabajo que no era el que esperábamos o, quizá, a causa de la crisis que sufre nuestro país, porque no estamos recibiendo el ingreso económico para el que tanto nos preparamos y educamos, incluso, cuando llegamos a nuestros hogares y no sentimos esa tranquilidad que nos hace sentir en paz. Hoy en día existen muchas causas que desarrollan estrés en nuestro diario vivir.

A pesar de que se han realizado varios estudios que comprueban que el estrés es causante de enfermedades tanto físicas, como mentales en el ser humano, aún sigue siendo un enemigo silencioso que solo pocos le tomamos cuidado y atención.

Hay muchas personas que aman su trabajo y se sienten en paz cuando están en sus empleos, pero al momento que van hacia sus hogares, en ese trayecto diario, ya sea por el tráfico pesado, por alguna persona o por alguna mala situación, se fatigan tanto y terminan malhumorados, de tal forma que al llegar a casa transmiten esa mala vibra a su familia.

Es muy importante aclarar que el estrés se transmite y no solo a las personas, sino a todo lo que tocamos. Haré un paréntesis para poner un ejemplo, pues estoy segura de que algo parecido le ha sucedido a alguna persona.

La mayoría de los refranes que leemos y escuchamos nos dicen que «para ser felices debemos hacer lo que amamos y no tratar de amar lo que hacemos»; pues este era un hombre que amaba ser médico, era su vocación, mientras estaba en su trabajo era feliz, aunque solía trabajar hasta tarde, incluso horas extras, camino a su hogar se llenaba de satisfacción al saber que otro día había sido un héroe, y lo único que deseaba era llegar a casa pronto para ver a sus hijos y compartir con su esposa todo lo que había acontecido. No obstante, al llegar, sus hijos ya estaban dormidos y su esposa, entre cansada y malhumorada por la hora en la que él aparecía todos los días, un día le dijo:

—Hace más de cuatro días que los niños no te ven y ya no tenemos tiempo para cenar juntos, acaso, ¿no hay más médicos en ese hospital?

El hombre sonrió, le dio un beso en la frente, tomó un baño y se acostó, pero no pudo dormir, pasó toda la noche pensando en ello. Al día siguiente fue lo mismo, pensar en lo que su esposa le había dicho, ella no comprendía que solo había dos médicos con la especialidad de su esposo en ese hospital, además de una gran cantidad de pacientes cada día. Su esposo era neurocirujano, llevaba una gran responsabilidad.

Ese siguiente día en el hospital fue abrumador, no hubo descanso, y llegaron muchos pacientes con sus familiares molestos porque no se les atendía enseguida, hubo ofensas hacia algunos enfermeros e incluso hacia aquel médico, los ánimos se caldearon, ni siquiera había tiempo de tomar un descanso o mirar el reloj, ¿y qué creen?, el médico tenía dos operaciones por realizar y no sabía a qué hora iniciaría, ya que primero debían estabilizar al paciente y realizarle una serie de exámenes. Solo tomó un minuto de su tiempo para enviarle un mensaje a su esposa: «No me esperes para cenar, dile a los niños que los amo», ¿les digo algo?, no me quiero imaginar la cara de su esposa al leer eso, ¡habría de estar furiosa!

Mientras el médico estaba trabajando le era difícil pensar en sus problemas, tenía su mente ocupada, pero al momento que condujo a su casa, el auto se volvió incómodo, ya no era tan acogedora la camioneta último modelo con asientos de cuero que había comprado hace pocos meses, hasta dolores en la espalda empezó a sentir, y es aquí donde les pongo el ejemplo de que el estrés se lo transmitimos a todo, incluso a las cosas o a los lugares. ¡Qué decir de su recámara! era imposible conciliar el sueño, tanto su casa, como su auto se habían convertido en sus principales lugares de cuestionamiento, se sentía incómodo al estar en uno o en el otro.

A lo largo de un año, en ese diario vivir, la esposa le pidió el divorcio, ya que no había tiempo para estar juntos. Después del convenio de divorcio, todo se puso color de hormiga: el doctor había perdido hasta la paciencia con los familiares arrogantes que llegaban a la sala de urgencias y exigían atención inmediata, ya no era importante ser cortés ni dar un saludo o una sonrisa al público, incluso empezó a tomar pastillas para calmar los nervios y la ansiedad, pues ya no era necesario enviar un mensaje diciendo: «No me esperes a cenar para Navidad porque debo trabajar», ¡qué triste verdad!

Es obvio que ese hombre no era feliz, a pesar de que hacía lo que amaba; entonces, ¿en dónde está el secreto de la felicidad? ¿Creen que ese hombre era culpable por lo que le había sucedido? Pues, para mi concepto, sí lo era, y no por ser médico y tener muchos pacientes, sino por haber permitido que el estrés entrara a su vida. ¡Sí, señores!, cuando viven estresados le transmiten el estrés a sus más allegados, y si no terminan enfermos, terminan infelices, así que mientras ustedes estén bien, todo lo que gire en torno a ustedes lo estará.

Quizá pensamos que el estrés es una enfermedad, habrá muchos estudios que puedan corroborar que sí lo es, otros que indiquen que solo es un estado de ánimo, pero de que enferma, enferma. Para mí es un espíritu de enfermedad, pero ¿qué significa eso?, se preguntarán muchos, más adelante se los explicaré, aunque, ¿saben qué?, no me gustan los finales tristes, de eso no se trata este libro, queridos lectores, digamos que el doctor no solo amaba su trabajo, también a su hermosa familia, así que dijo: «Algo estoy haciendo mal y debo arreglarlo, debo encontrarle una solución a esto que me está sucediendo», así lo hizo, buscó ayuda profesional para él y para su esposa.

Una colega psicóloga que, por cierto, era cristiana, lo ayudó de tal forma que pudo organizarse para compartir con su familia y con sus amistades, hasta tiempo para ejercitarse encontró. De eso se trata la vida, siempre habrá momentos difíciles que debemos superar, si algo no funciona bien, debemos buscar la causa y corregirlo, frustrándonos y angustiándonos no encontraremos una solución, lo único que lograremos es empeorar las cosas (Salmo 37:8).

¡Mientras ustedes estén bien, todo lo que gire alrededor de ustedes lo estará! Sí, sé que ya lo había mencionado, de eso se trata, de que guarden en su disco duro esta frase. Cuando sientan que las cosas los agobian es porque algo no están haciendo bien, pero para todo hay una solución y es aquí donde quiero hablarles de mi varita mágica.

Cuando ponemos a Dios como lo más importante en nuestras vidas siempre salimos vencedores, en lo que sea, en cualquier cosa, por muy difícil que la veamos, para Él no lo es, el problema está en que tratamos de cargar con todos nuestros asuntos sin tomarlo en cuenta y, luego, cuando los resultados son malos, culpamos a todo lo que nos rodea y nos preguntamos por qué nos suceden esas cosas. En estas ocasiones, lo que no terminamos de entender es que no nos compete a nosotros hacer lo imposible, ese, mis queridos lectores, es el trabajo de Jesús (Mateo 11:28-30).

Yo fui víctima de estrés por muchos años, hasta llegué a pensar que mi casa estaba endemoniada, como les dije, el estrés también se lo podemos transmitir a los objetos o lugares. Sentía que cuando llegaba a mi casa había una pesadez terrible que me cambiaba el ánimo de inmediato, y no solo a mí, también a mi esposo, mientras estábamos fuera de casa podíamos mantener una conversación sin discutir, pero enseguida llegábamos a casa todo nos molestaba, sentíamos que la casa no era cómoda, su vibra no era buena y llegué a enfermar, siempre tenía dolor en el cuello y en la espalda, bajé mucho de peso. A mi esposo le costaba conciliar el sueño. Yo me preguntaba: «¿Qué es lo que está pasando?», y estaba preocupada porque mi vida de pareja ya no era la misma.

Desde niña, siempre fui muy apegada a la fe en Cristo Jesús y, tengo que reconocer que, desde que me convertí en madre y en esposa, me alejé mucho de mi fe, ya no tenía esa comunicación con Dios todos los días, siempre estaba cansada para leer la Biblia, hasta para hacer una oración antes de ir a dormir. Esto último es algo tan importante en nuestras vidas, darle gracias a Dios por todo lo que nos da a diario. Sí, mis queridos lectores, a Dios le debemos la vida y todos los milagros y las maravillas que hay en ella. Fue por esa razón que decidí visitar a una tía, a la que quiero mucho, por cierto, quien desde niña me inculcó amar a Jesús, a mi Padre Celestial.

Casi vencida por el estrés y por la angustia de todos los problemas que acontecían en mi vida, le conté todo y me desahogué con ella, y su respuesta fue tan simple:

—Tú tienes la vara y no la usas.

Fue así que Dios le preguntó a Moisés (Éxodos 4 y 14); en ese momento recordé todas las veces que Dios había respondido a mis oraciones y un gozo inmenso invadió mi ser, esa vara de la que me hablaba mi tía, mis queridos lectores, era *la oración*, ese hermoso privilegio que tenemos sus hijos para comunicarnos con Dios.

Yo había orado varias veces, incluso asistí a diferentes iglesias en busca de una solución a mis problemas, para llenar ese vacío que había en mí, pero no encontraba respuesta, eso también se lo comenté a mi tía. Lo que ella me respondió me impresionó aún más:

—No estás orando bien, como cuando eras una niña, a medida que has crecido te han inculcado diferentes tipos de oraciones y oras conforme a lo que has aprendido, mas cuando eras una niña, le hablabas a Dios con tus propias palabras, con el corazón, recuerda que a Dios no le gusta la palabrería. «No uses repeticiones sin sentido» (Mateo 6:7) —me dijo—, ora con esa fe que tenías de niña, que si le pedías a Dios lluvia en pleno mes de marzo, caía un aguacero de octubre.

En Panamá, marzo es el mes más caliente y de más sequía, difícilmente cae lluvia, y en octubre el invierno está en todo su apogeo.

En ese momento comprendí por qué Jesús nos exhorta a ser como niños (Mateo 18:2-3), cuando dejamos de ser niños y nos convertimos en adultos empezamos a vivir el mundo que está de moda y nos apartamos del amor de Dios, nos afanamos en conseguir nuestras metas por nuestra propia cuenta y nos complicamos la vida, hasta el punto que la perdemos de alguna manera (Proverbios 3:5-8).

Como les dije, recordé cada oración que Dios respondió en mi niñez, y sí, mis queridos lectores, pedí lluvia en pleno mes de marzo y llovió todo el día, de solo recordarlo se me acelera el corazón. Mi madre aún lo recuerda como si fuera ayer, ¡qué hermoso es mi Dios!

Sé que existen personas que dudan del amor y de la existencia de Dios y solo cuestionan todo lo que se hable de Él, sin embargo, creen en la suerte, en el azar, en las supersticiones que les hayan inculcado sus ancestros, y son de los que tocan madera cada vez que desean que algo malo no suceda, ¡qué irónico!, ¿verdad?

Otros, solo no creen y no aceptan su existencia por el simple hecho, supongo, de que solo creen en lo que ven, tocan o sienten, pero ¿cómo esperan sentir algo que nunca han buscado ni permiten que entre en sus vidas?

Todo lo que existe y se puede ver, un día no se veía, pero fue creado, de modo que todo lo que se ve fue creado de lo que no se podía ver (Hebreos 11:3).

Mis queridos lectores, en algunos párrafos aparecen algunos pasajes bíblicos entre paréntesis, me encantaría que se detuvieran a buscarlos y leerlos antes de seguir para que comprendan mejor lo que les quiero explicar.

Si no siguen instrucciones no habrá victoria, es como una receta o un manual, si no seguimos las instrucciones al pie de la letra los resultados no saldrán como esperamos. Este libro no busca reemplazar la Biblia, más bien despertará el interés por leerla.

El propósito de la vida

Mi mayor deseo es ayudar a otros, quiero que este libro llegue a toda la sociedad, a los jóvenes, a los matrimonios, a los adultos mayores, a quien sienta el deseo de ser una mejor persona, de encontrar la esencia verdadera que existe en sí mismo.

Cuando haya una situación en la vida que les provoque odio, coraje, angustia, dolor o miedo, levanten sus ojos al cielo y háblenle, les aseguro que antes de que le pidan, ya Él conoce sus peticiones (Mateo 6:8).

El mayor propósito cuando tenemos hijos es darles una buena vida y procurar que cuando crezcan lleven su vida por el buen camino, pero ¿cuál será el secreto para el buen camino?

A. Darles todo a nuestros hijos para que no les falte nada, incluso si hay que dejarlos desde que nacen en una guardería porque debemos trabajar el doble para cumplir con sus necesidades.
B. Dejar nuestros compromisos y metas a un lado porque ahora somos padres y nuestros hijos nos necesitan al 100 %, no importa si no podemos darles todo lo que nos piden, al fin y al cabo, nos tienen a su lado y ese es el mayor regalo que les podemos dar.

La verdad es que ni una ni la otra suenan muy bien que digamos, ninguno de los planes funciona a ciencia cierta, lo único que necesitamos para que nuestros hijos sean buenos niños y luego buenos adultos, es darles amor y disciplina, ¡sí, así es!, aunque les parezca absurdo, el amor y la disciplina pueden ir de la mano.

El amor

Cuando me refiero al amor, no me refiero a decirles todos los días «te amo» y darles un gran beso o correr a comprarles los mejores regalos porque los amamos, ¡pues no!, me refiero a sacar tiempo para jugar su juego favorito, no importa si es una niña, y ustedes, sus padres, deben vestirse de princesa y tomar el té con ella, ¡háganlo!, les aseguro que será el juego más divertido que podrán haber jugado, será más emocionante que ir al parque de diversiones cada domingo.

El sacar tiempo para escuchar a sus hijos acerca de sus sueños o de sus interrogantes, jugar o ver una película juntos, asistir a esa presentación de la escuela de la que tanto les ha hablado, eso es amor, esos son los verdaderos regalos que recordarán toda su vida, y de ustedes depende si serán buenos o malos recuerdos. ¿Quién no recuerda a sus cuarenta años cuando tenía ocho?, pues así sucederá con sus hijos, recordarán cuándo sus padres compartieron con ellos y cuándo no.

La disciplina

No tienen que ser muy estrictos ni hacer que sus hijos marchen por toda la casa y digan: «¡Sí, señor!». Cuando hablo de disciplina me refiero a poner responsabilidades sobre sus hombros.

Mi mamá, a mis siete años, me asignaba tareas diarias: regar las plantas del jardín cada mañana y cada tarde, ¡y vaya que eran muchísimas!, nuestro patio era inmenso. El tiempo de jugar en las tardes se me pasaba porque no podía salir a jugar sin antes regar las plantas, mientras mis amigos jugaban yo regaba las plantas y un día le pedí a Dios: «Señor, si tú hicieras que lloviera, yo no tendría que regar estas plantas mañana y podría jugar», y Dios me escuchó, cayó un fuerte chaparrón, que tampoco pude salir a jugar, eh, pero las plantas estaban mojadas aún al día siguiente. Así era nuestra vida en casa, de no cumplir con nuestras responsabilidades, no podríamos ver nuestros programas favoritos o salir a jugar.

Hoy en día me apasionan las plantas y en mi casa tengo un hermoso jardín, a pesar de que, en varias ocasiones, fueron las culpables de que no pudiera compartir con mis amigos; de igual forma, mi hermano no sale de su casa sin antes tener sus zapatos bien limpios y lustrados, esa era su obligación de cada día: limpiar los zapatos de su padre.

Cuando les enseñamos a nuestros hijos que para conseguir lo que deseamos debemos tener responsabilidades con nosotros mismos, crecen con esa costumbre y cada responsabilidad que se les asigne la hacen parte de sus vidas; eso se lo transmitirán a sus hijos, a nuestros nietos.

Una tía, con la que pasé gran parte de mi adolescencia y a la que quiero mucho, por cierto, me enseñó que «las cosas se hacen bien desde la primera vez», ese era su lema, si no es así, ni se empiezan.

¿Cuántas cosas hemos empezado y luego las dejamos a medias?, ¡muy malo! Luego, sin darnos cuenta, se vuelve una costumbre, por ejemplo, ese viejo cuadro que empezamos a pintar, pero como estamos tan ocupados no lo terminamos y ya hace tres años de eso, háganse esta pregunta: ¿qué hubiese sucedido si lo hubieran terminado y le hubieran puesto ese interés desde que lo empezaron a pintar?, seguro que alguien ya lo habría comprado y hasta estarían pintando otro.

Ese anexo que decidimos hacer en nuestra casa, que sería nuestra oficina, tiene ya casi cuatro años que lo empezamos a construir, pero ¡adivinen!, aún está sin terminar y los materiales se están deteriorando, ¡qué tristeza!, cuántos negocios habrían cerrado allí de haberlo terminado.

Sin darnos cuenta, nuestros hijos observan todas esas cosas, y ojalá no les hayamos dejado a medias alguna cosa destinada para ellos, lo notarán aún más. Lo que quiero dejar esclarecido es que las responsabilidades que les pongamos a nuestros hijos, las tomarán en serio mientras nosotros así lo hagamos.

Un día escuché que los niños son como esponjas, absorben todo a la perfección, mientras más ocupada tengan la mente, así se desarrollará su intelecto y, créanme, un niño de cuatro años puede hacer muchas cosas para desarrollar su intelecto.

Si les gusta pintar, cómprenles lienzos y enmarquen sus pinturas para hacerles sentir que aman su arte, que noten que es importante para ustedes lo que ellos pueden hacer; si les gusta la música, cómprenles algún instrumento y escúchenlos tocar, eso les despertará sus deseos por hacerlo bien; si les gusta algún deporte, inscríbanlos en algún club, y no dejen de ir y de apoyarlos, enséñenles desde niños que todo lo que se propongan con responsabilidad, con amor y con disciplina, lo pueden lograr.

Una buena disciplina para nuestros hijos sería enseñarles a comunicarse con Dios, a conversar con Él. No hay nada más bello que enseñarles a nuestros hijos que existe un Ser Supremo que nos cuida y nos ama y es importante darle gracias por todo lo que nos da; «instruye al niño en su camino y aun cuando sea viejo no se apartará de él» (Proverbios 22:6-8).

En esta nueva generación nuestros niños crecen con el pensamiento de que todo lo que tienen es porque lo merecen y no es así, es muy importante educar a nuestros hijos con humildad, no hay nada mejor que ellos crezcan con el sentimiento de siempre ser agradecidos.

Todo lo que tenemos se lo debemos a Dios y, por lo tanto, debemos darle gracias cada día por todas sus bendiciones, tenemos un hermoso privilegio, el solo hecho de estar aquí, ya es un milagro dado por Él.

Queremos un mundo mejor

Cada día nos quejamos de las malas situaciones que vemos, ¿en realidad hacemos algo para cambiar eso?, seguramente no, ni como sociedad ni como individuos, y es aquí donde está la raíz del problema, si analizamos todas las consecuencias están atadas a la misma causa.

¡ME ENCANTA HACER PARÉNTESIS PARA PONER EJEMPLOS!

Mi hijo tenía una presentación en su colegio, mi esposo y yo nos organizamos para asistir, pero con el tráfico pesado, entre otros compromisos que debíamos atender antes, llegamos un poco tarde, pero justo a tiempo para ver a nuestro hijo presentarse. Al momento que llegamos, ya casi no había puestos, debíamos tomar nuestras propias sillas y colocarlas en algún espacio libre.

A un costado del gimnasio vimos un espacio donde hubiésemos quedado perfectos, sin molestar la vista de los demás y hubiésemos podido ver todo bien desde allí, en el instante que estábamos por colocar las sillas, se acercó un señor que estaba sentado bastante lejos de donde se supone que nosotros nos pondríamos, y nos dijo en un tono bastante arrogante:

—¿Cómo se les ocurre sentarse allí? No se dan cuenta de que no se permiten colocar asientos en ese lugar, si está vacío es por algo, no piensan.

Enseguida miré a mi esposo y le dije:

—Vamos a colocarnos en otro lugar.

Y así lo hicimos, esa persona fue muy grosera, dieron ganas de decirle de todo, por lo menos que tuviera un poco de educación y cortesía al hablar, pero estoy segura de que eso solo empeoraría la situación, al final, pusieron un montón de sillas en ese lugar.

Seguro ese señor, que no conozco, ni siquiera sé su nombre, se queja a diario de todo lo malo que sucede en nuestro país, pero él, como persona, como individuo, no hace nada para mejorarlo: tiene un pésimo trato hacia los demás, y es por personas así que nuestra sociedad, nuestro distrito y nuestro país va desmejorando. Si tuviéramos más cortesía, más tolerancia, más respeto y más solidaridad, nuestro mundo sería mejor, de eso no hay duda.

Amo las escuelas que les enseñan a nuestros hijos los valores morales y principios, qué lástima que cuando nos convertimos en adultos muchas veces se nos olvidan. Deberíamos crear proyectos, aplicaciones, alguna cosa que nos los recuerden todos los días, que no solo sea una clase en los colegios, también en nuestros hogares, en el transporte diario, en nuestros hospitales, en las calles, que los parques hablen de ellos, porque se están extinguiendo esos valores y principios morales.

No sé si les ha pasado que escuchan a una persona quejarse de las inundaciones que hay en su localidad y a lo largo del país, pero cuando están con esa persona, la ven tirar una pequeña basura en la calle, todo lo que terminan de comer, por allí mismo lo arrojan, hasta la goma de mascar que ya no quieren. «¡Ay, solo es un papelito!», así dicen, pues ¿qué pasaría si un millón de personas tirara un papel a diario en nuestras calles?, tendríamos 365 millones de papeles tirados en nuestro país cada año, y eso sin contar los que están en nuestros botes de basura, pero solo estoy hablando de un año. Si nuestros hijos nos ven hacer eso durante dieciocho años seguidos, ellos también lo harán y dirán lo mismo, «solo es un papelito», los años se seguirán contando, ¡ah!, cómo nos quejamos de las inundaciones y del Gobierno que no hace nada, pero jamás pensamos que es la consecuencia de nuestra falta de interés por nuestro país, por nuestro mundo.

Se preguntarán, ¿cómo influye eso en los demás problemas?, ¿qué tiene que ver eso con la delincuencia, con la falta de educación, con la falta de insumos médicos, entre otros?, ¿cómo mejoramos todo eso como individuos y no como sociedad?, pues, mis queridos lectores, somos el ejemplo, no lo notarán a la primera o a la segunda vez que lo pongamos en práctica, pero cuando haya frutos lo notarán.

Me encanta un capítulo de la Biblia donde nuestro Señor Jesús nos explica cómo identificamos a las buenas personas de las malas personas para no ser engañados:

> Por sus frutos los conoceréis. ¿Acaso se recogen uvas de los espinos o higos de los abrojos? Todo buen árbol da frutos buenos, pero el árbol malo dará frutos malos.

> Ningún mal árbol dará frutos buenos, ni ningún buen árbol dará frutos malos (...) Por sus frutos los conoceréis (Mateo 7:16-20). Nuestras acciones son nuestros frutos, de nosotros dependerá que sean buenos frutos.

Para disminuir la delincuencia tenemos que darles buenos ejemplos a nuestros hijos, y al erradicar la delincuencia, erradicamos todo lo demás. Si educamos a nuestros hijos con buenos principios y valores morales en la práctica, todos los días, y llegan a ser presidentes o ministros, harán de lo que haya en sus corazones y en sus culturas una realidad, y no serán delincuentes de saco y corbata porque fueron educados con principios.

Enseñarles a nuestros hijos a amar su país, a su gente, la naturaleza de su tierra, será un gran orgullo que nos llevaremos en nuestros corazones. También debemos ver de esa misma forma a nuestros nietos; pero si nos ven robar, aunque no usemos un arma, ellos también lo harán, porque creerán que es bueno hacerlo. Enseñémosle a amar a los demás, a respetarlos, inculquémosle que todos tenemos deberes y derechos que cumplir todos los días, hagámosles entender que si dañamos algo, debemos repararlo, porque es de todos; que si alguien corta un árbol, debemos plantar diez por ese que fue cortado; son esas pequeñas cosas que hacen grandes cambios en nuestra sociedad. La clave está en ser constantes.

El propósito para el que fuimos creados

Quizá no conocemos el verdadero propósito del por qué estamos aquí, lo que sí es seguro es que estamos de paso y que lo que hagamos en esta vida, se quedará aquí, aunque nosotros ya no estemos.

Queridos lectores, procuren que su vida sea buena todos los días, no sabemos lo que otras personas guardan en su interior, tratemos de ser ese sentimiento de gozo y consuelo para todo aquel que se cruce en nuestro camino; seamos portadores de alegría, de reflexión, de amor, y todo lo que digamos a los demás, cada frase, cada palabra, puede ser de gran ayuda o de gran daño.

Recuerden siempre hacer de ustedes un árbol de buenos frutos, aunque las personas no lo valoren, aunque los desanimen en el proceso. Yo siempre he pensado que cuando hacemos las cosas para agradar a Dios y no al ser humano, no nos dolerá si no somos reconocidos por nuestros buenos actos, no nos sentiremos desanimados por el simple hecho de que las personas no son agradecidas, porque cuando lo hacemos para Dios, sabemos que, tarde o temprano, de parte de Él obtendremos su bendición, todo lo que sembremos, eso cosecharemos (Colosenses 3:23-24).

Seamos la sal del mundo, ¿la sal del mundo?, estoy segurísima de que se hicieron esa pregunta (Mateo 5:13). Jesús nos lo dice en ese capítulo, que yo tampoco lo comprendí así que quise investigar y busqué un diccionario bíblico* que me explicó, con lujos de detalles, el porqué de esto. En el mar Muerto se conseguía una sal mediocre, también había otra que se encontraba adherida a los acantilados y esa la usaban los moradores de Canaán para sazonar sus alimentos y conservarlos, para que estos no se les echaran a perder; en Siria, cuando la sal era expuesta a la lluvia, al calor o depositada en casas húmedas, esta perdía su sabor

* Para más información descargar la aplicación Diccionario Bíblico de Igor Apps.

y la tiraban porque no valía para nada, entonces Jesús hacía referencia a eso y exhortaba a sus hijos a ser como la sal que se pone a trabajar, que da sabor agradable a los alimentos y que no pierde su gusto, sino que hace resistente los alimentos para que estos no se contaminen, así era utilizada y no guardada. Así como la sal detiene que los alimentos se echen a perder y que se corrompan, asimismo los hijos de Dios detienen la corrupción del mundo.

¡ME ENCANTAN LOS PARÉNTESIS PARA DAR EJEMPLOS!

Había dos grandes amigos que siempre estaban juntos y se apoyaban uno al otro, hasta que un día se enemistaron por problemas de dinero, pues uno era muy rico y el otro no tanto. El rico le había prestado dinero a su gran amigo y este no se lo había podido terminar de pagar, por esa razón dejaron su amistad y no se volvieron a hablar durante toda su vida. El que había prestado se sintió estafado y abusado, el que había recibido el préstamo se sintió ofendido, ya que pensó que para su amigo el dinero era más importante que su amistad.

¡Oh, sí!, ¿cuántos han perdido a un amigo en el momento que les prestan dinero?, lo importante es no guardar rencor, y eso lo aprendí de mi esposo, ¡aunque me ha costado, eh! ¡no ha sido fácil!

Bueno, volviendo a nuestra pequeña historia metafórica, ambos hombres tenían muchos hijos y muchísimos nietos. El que era rico siempre estaba solo, sus hijos muy rara vez lo visitaban y aunque había tenido cuatro esposas, vivía solo, y si le preguntaban qué había pasado con sus esposas, respondía: «No supieron valorarme, aunque algunas fueron buenas y otras no».

Él siempre creía tener la razón, tanto que cada vez que tenía una conversación con alguien, salía de la discusión por el simple hecho de no estar de acuerdo.

El otro hombre vivía con su esposa y con sus tres hijos más pequeños, sus otros hijos mayores, ya casados, lo visitaban cada domingo y, de igual forma, él los visitaba en sus cumpleaños.

Una de las hijas del hombre rico era la ahijada del hombre que había recibido el préstamo, la mujer estaba por casarse y deseaba que su padrino asistiera a su boda, ya que él siempre estuvo al pendiente de ella, pero no sabía cómo su padre tomaría esa noticia, de seguro no le iba a gustar, decidió llamar a su padre para una cita y así contarle su situación, pero él le dijo:

—Si no estás aquí en una hora, no te podré atender, estoy muy ocupado.

Para ella era difícil llegar en una hora, pero lo intentó, llegó diez minutos después de la hora asignada y su padre le dijo:

—Eres muy impuntual, llegas tarde, ahora todo se me atrasó, tengo muchas cosas que hacer y, por esperarte, yo también estoy siendo impuntual. Espero que lo que tengas que decirme sea muy importante, de lo contario me molestaré aún más.

En ese momento, la mujer no supo qué decir, si le contaba la verdadera razón del por qué estaba allí, capaz su respuesta no sería la más favorable, así que solo respondió:

—Quiero que me acompañes a escoger mi vestido de novia y mis zapatos.

Su padre, un poco orgulloso, respondió:

—Eso me lo pudiste haber dicho por teléfono.

La mujer, por la arrogancia de su padre, no se atrevió a decirle nada de los planes que tenía, y después de algunos días decidió ir a visitar a su padrino y le contó lo que deseaba hacer, para que este la aconsejara sobre todo. Cuando ella llegó a casa de su padrino, él la recibió con una deliciosa taza de café y un gran abrazo, al escucharla, le dijo:

—Aprecio mucho tu gesto y me encantaría estar allí, pero no quiero echar a perder el mejor día de tu vida y mucho menos tu relación con tu padre, pues es él quien debe entregarte el día de tu boda, ve y convérsalo con él, si está de acuerdo, con gusto iré, de lo contrario, prometo llevarte un hermoso regalo después a tu casa.

Su padre, gracias a las malas lenguas, ya se había enterado de la visita de su hija a su antiguo amigo, lo cual lo había llenado de mucho coraje, su reacción hacia ella fue muy arrogante, no la dejaba explicar nada y le dijo:

—¿Cómo es posible que hayas decidido hablar sobre esto con él, antes que conmigo, que soy tu padre?

Ella, triste y molesta, respondió:

—Pues él sí tuvo tiempo para atenderme, no tuve que sacar una cita y ser puntual, tampoco tuve que esperar sentada en un sofá por horas porque está atendiendo una llamada que es más importante que yo, aquí todos somos personas y merecemos un buen trato y respeto —y antes de irse le dijo—: Te recuerdo que fuiste tú quien escogió a mi padrino, no yo.

Esa noche, ese hombre no pudo dormir, estaba tan molesto con su hija, se sentía ofendido y en voz alta se preguntaba:

—¿Por qué hasta mis hijos prefieren a ese hombre antes que a mí?, ¿por qué ese hombre es más querido que yo?, ¡él me estafó, es una mala paga, no hace nada bueno!

En ese preciso momento una voz en su interior le respondió: «Es humilde, es tratable, no guarda rencores, perdona sin reproches»; y asimismo, como un loco, se respondía:

—Pero si yo también soy humilde, le doy ofrendas a los mendigos, dejo propinas al que me atiende, hago regalos a los niños pobres, asisto a la iglesia, ayudo a quien me pide ayuda y jamás le he quedado debiendo nada a nadie.

¿En realidad, eso es ser humilde? De qué nos sirve ser humildes con la azafata del restaurante o con el mendigo que está afuera de la iglesia, si no lo somos con las personas que están todos los días en nuestras vidas (1 Timoteo 5:8). Sin darnos cuenta, por nuestra arrogancia y orgullo, alejamos a nuestros seres queridos.

Queridos lectores, la vida es solo una, no permitan que pase delante de sus ojos sin haberla vivido plenamente, y no hablo de que se tiren de un paracaídas o de que escalen una montaña, me refiero a que la disfruten cada día al lado de las personas que aman y que estén con ellos en los momentos más importantes de sus vidas. Sabemos que siempre habrá disgustos y situaciones que los hagan enojar, pero procuren que esas situaciones no los alejen de su felicidad.

Celebren eventos que reúnan a la familia, si sus hijos ya son mayores y se casaron, construyan un jardín con parques y juegos en sus casas para que sus nietos los visiten. Si sus trabajos no les permiten pasar el tiempo necesario con sus hijos, apaguen el celular cada vez que estén en casa para que nada ni nadie les quite ese tiempo que tienen para ellos, léanles un cuento, acampen con ellos en el jardín, son cosas que amarán y disfrutarán plenamente.

En mi casa celebramos Acción de Gracias cada año, sabemos que es una costumbre europea y norteamericana, y que no es muy común en Panamá, pero es hermoso cuando veo llegar a mis suegros, a mis padres, a mis hermanos y a mis cuñados con diferentes platillos deliciosos para poner en la mesa y dar gracias a Dios, el solo hecho de compartir en familia es una gran bendición y un privilegio.

Esas reuniones no tienen que ser necesariamente para Acción de Gracias, cualquier día puede ser especial para dar amor a los demás, en los momentos que menos nos imaginamos servimos de ejemplo para las personas que nos frecuentan, que nos ven en nuestro diario vivir, ya sean nuestros vecinos, nuestros compañeros de trabajo, incluso esa persona de la panadería o del supermercado a la que le compramos cada día nuestros alimentos podemos dejarle una enseñanza sin darnos cuenta y de esto se trata el gran propósito de la vida para el que existimos, no me cansaré de decir que yo sí creo que podemos cambiar el mundo, podemos ser héroes cada día.

Las personas nos observan en todo momento y no solo nuestra vestimenta, también nuestro carácter, nuestros gestos y hábitos, primero sembramos y luego cosechamos lo que sembramos.

Dejando huellas

Como ya les había mencionado, supe de la existencia de Dios desde que era una niña muy pequeña, cuando aún no sabía escribir, y lo recuerdo porque para una Navidad mi mamá me dijo:

—Si quieres que el Niño Dios te traiga regalos debes escribirle una carta.

Recuerdo que, preocupada, le respondí:

—Pero, mamá, yo no sé escribir, ¿la puedes escribir por mí?, por favor.

Ella, sin decirme ni sí ni no, tomó un lápiz y una hoja, agarró mi mano y me dijo:

—Yo te ayudaré a escribirla para que sea tu letra.

Y así fue como le escribimos mi primera carta a Jesús. Quizá mi mamá no recuerde muy bien ese momento porque no era ella la protagonista, pero yo sí lo recuerdo como si fuera ayer y, créanme, aunque mi mamá lo que buscaba era saber qué quería yo para Navidad, lo que hizo fue muy importante, ella solo pudo habérmelo preguntado, así de sencillo, pero yo sé que, en ese momento, Dios la hizo sabia, la hizo su instrumento, porque la forma que utilizó mi madre para preguntarme me marcó para toda la vida, dejó una hermosa huella en mí: **pedirle siempre a Dios**.

Busquen en sus vidas los momentos que Dios ha tratado de entrar en ella y formar parte y quisiera que analizaran estas preguntas: ¿desde qué edad Dios ha tratado de formar parte de sus vidas?, ¿cuándo le permitirán hacer de ustedes un instrumento de su amor?

Por favor, procuren responderlas, siempre, de alguna manera, van a influenciar en otros, procuren que sea para edificar, porque una cosa es dejar huellas y otra es dejar cicatrices. Mis queridos lectores, todo lo que viene de Dios hace bien, edifica, así es como vamos a notar que su Espíritu Santo está en nosotros, este es el sello que nos diferencia de ser sus hijos a ser criaturas, porque todos somos criaturas de Dios, pero no todos vamos a tener el privilegio de ser llamados hijos de Dios y nuestro trabajo es procurar ser hijos e instrumento de Dios.

¿Están seguros de que aman a Dios?

¿Cómo podemos saber si en realidad amamos a Dios con todo nuestro corazón y con toda nuestra mente? El primer mandamiento y el más importante, pero... ¿estamos cumpliendo con Él?

Cuando una persona descubre el verdadero significado de amar a Dios es cuando se da cuenta de que no es a la sociedad a quien tiene que complacer ni a quien tiene que demostrarle su amor, sino es a Dios a quien tiene que complacer, al único que tiene que agradar, no es a sus familiares ni a sus amistades, no, mis queridos lectores, es a Dios, solo a Él y, cuando lo haga, todo lo demás vendrá por añadidura, porque en Dios no hay ningún sentimiento malo, no existe nada que pueda hacer daño, cuando se complace a Dios siempre se hace lo correcto y esas son las mejores decisiones.

No sé si ustedes lo han notado, pero cada vez que tratamos de complacer a los demás, nunca es suficiente lo que hacemos por ellos o de alguna manera quedamos mal, en otras palabras, no se puede complacer a todo el mundo, por más que nos esforcemos es imposible, así nos lastimamos porque, por más que damos y hacemos, siempre sentimos que quedamos mal, ¡hasta frases célebres hay!: «No puedo darte la fórmula del éxito, pero sí la del fracaso, trata de complacer a todos», Herbert Swope, periodista estadounidense.

¿Saben cuál es la diferencia de agradar a Dios antes que al hombre?

Que no los va a lastimar. Si la sociedad no les agradece o no los valora por lo que ustedes hayan hecho por ellos, su indiferencia no les va a doler porque es de Dios de quien ustedes esperan bendiciones y él nunca olvida, el Padre Celestial es quien los recompensará, porque ese es Dios, lo perfecto, lo maravilloso, eso es Dios.

Muchas personas se preguntarán: ¿cómo descubrir cómo se puede complacer a Dios?, ¿cómo saber qué es lo que Dios espera de nosotros?, aunque no parezca tan sencillo, pues, ¡sí lo es!, hay muchísimas respuestas para esas preguntas.

Antes que nada está la palabra de Dios, con la Biblia podemos saber qué es lo que él nos pide, pero hay muchas personas que no comprenden a fondo lo que nos quiere decir en su palabra, por más que la lean y estudien, no logran comprenderlo. Quiero decirles algo, mis queridos lectores, lo que muchos no sabemos es que las respuestas también las encontramos en nuestro corazón, ¡así es!, con su palabra siempre nos aconseja hacer el bien, amar al prójimo, incluso, sabemos que ese es su segundo mandamiento, entonces, si nuestro corazón está dispuesto a amar a Dios, también va a estar dispuesto a hacerlo feliz. Cuando sintamos la necesidad de agradar a Dios y de hacer siempre lo bueno ante sus ojos es porque buscamos complacerlo y hacer lo correcto para él, sin darnos cuenta, también terminamos haciendo lo correcto para la sociedad y para nosotros mismos, a eso es a lo que me refiero, que todo viene por añadidura.

Cuando hay falta de amabilidad, de solidaridad, de respeto y de ayuda al prójimo, háganse esta pregunta: ¿cómo espera Dios que nosotros actuemos con cada una de estas frases? Si ustedes, como personas, tienen la oportunidad y deciden ayudar a otra, aunque esa otra no merezca ninguna ayuda, es porque no lo están haciendo por esa persona, sino por Dios, para hacerlo feliz, aunque no puedan verlo, saben que está sonriendo por lo que están haciendo por Él.

Cada vez que hagamos algo para agradar a Dios, para hacerlo feliz y lleguemos a sentir ese gozo, esa satisfacción que nos hace sentir grandes, como cuando complacemos a nuestros hijos, por ejemplo, si nuestro hijo durante meses nos ha estado pidiendo algo y se nos ha hecho difícil dárselo, pero un día logramos darle ese algo que tanto ha pedido, y en ese momento lo vemos tan feliz que no sabemos quién es más feliz, si él o nosotros por verlo emocionado y por haberlo complacido, entonces, cuando sientan esa alegría, como al decir: ¡Dios mío, lo hice por ti, para agradarte, Padre!, no les va a importar si no obtienen provecho porque saben que el tesoro es Dios, es hacerlo feliz a Él, cuando comprendan y experimenten eso, descubrirán que en verdad aman a Dios.

Amen a Dios todos los días de su vida y esta cambiará, sus familias, sus comunidades, sus países, su mundo mejorará cuando en verdad aprendan a amar a Dios.

Mis queridos lectores, ¿saben qué descubrí con estos consejos que hoy les redacto? Que del primer mandamiento dependen todos los demás, ¿lo han notado?, no solo ustedes han sido edificados con estas palabras, quien las escribe también.

Entonces les pregunto, mis queridos lectores, ¿en realidad conocemos el significado del primer mandamiento de la ley de Dios? «Amar a Dios con todo tu corazón y con toda tu alma y con toda tu mente» (Mateo 22:37).

Educación cristiana para el hogar

Hay una educación que necesitamos todos los días, es la educación para el alma y para el espíritu, y la llamo para el hogar porque tristemente es solo allí donde se puede dar.

Qué más quisiera yo que existiera una asignatura en las escuelas donde nos leyeran un capítulo de la Biblia, y no solo eso, sino que se explicara y se desarrollara ese capítulo, porque Dios nos habla a todos en su palabra, desde niños, hasta ancianos.

Si yo tuviese la oportunidad de crear una ley, esta sería incluir una asignatura cristiana en nuestras escuelas, desde preescolar, hasta el último año de la universidad, porque si hay algo importante es tener a Dios y a nuestro Señor Jesucristo en nuestras vidas, y no solo conocer su palabra, también amarla y respetarla. Muchos dirán: «Para eso están las iglesias». Así es, pero lamentablemente no todo el mundo va a las iglesias; a la escuela sí, todos tenemos que pasar por allí, y no solo le daríamos empleo a un nuevo profesor, también le ilustraríamos el alma y el espíritu a nuestros hijos.

En nuestro mundo existen diferentes religiones, cada quien tiene libre albedrío, yo doy gracias a Dios que soy cristiana y he recibido a mi Señor Jesucristo como mi Salvador, todos los días le doy gracias a Dios por sus hermosas promesas, por ejemplo, cuando una persona le pide a Dios sabiduría para guiar su vida, es maravilloso lo que puede descubrir, Dios habla a través de su palabra, allí está la respuesta a todas las dudas.

Cuando empezamos a hacer la voluntad de Dios y nos acercamos cada día más a Él, sus palabras nos hablan a nuestro interior, siempre hay una voz dentro de nosotros que nos dice cuándo estamos haciendo algo mal, ese es su Espíritu Santo.

Cuando decidimos hacer a un lado nuestra voluntad, nuestros propósitos y le pedimos a nuestro Señor Jesús que sea Él quien nos guíe, y hacemos a un lado todo lo que sabemos por instinto que no es agradable ante sus ojos, entonces comprendemos el verdadero significado de hacer su voluntad, tal y como espera que lo hagamos.

No necesitamos solo ir a la iglesia cuando queremos saber de Dios, a diario Él está en nuestras vidas, por ello me gusta leer los proverbios, nos hablan de la situación en la que estamos hoy en día, nos enseñan sobre la obediencia, la sabiduría, la inteligencia, el amor, la justicia, la honradez, nos hablan sobre la pereza, la envidia, de tantas cosas que se ven todos los días y que estoy segura de que nos ayudarán.

La obediencia

El enemigo tentó a Jesús y trató de sembrar duda y discordia entre el Hijo y el Padre, lo que con Jesús fue imposible, lo logró con Adán y Eva. Ante la duda, sigan el ejemplo de Jesús, fue obediente y fiel a su padre.

El enemigo los atacará dependiendo de sus necesidades para hacerles caer en tentación, buscará sus deseos de la carne y tratará de atraerlos a ellos, por ejemplo, si son personas que están pasando por crisis económicas, buscará tentarlos para obtener dinero fácil, ya sea robando, estafando o involucrándolos en algún negocio ilícito.

No esperen que Dios bendiga algo que no es agradable a sus ojos, algo que vaya en contra de su voluntad, eso no va a suceder, Dios no se contradice, no es él quien tiene que formarse a nuestra semejanza, sino nosotros a la suya.

Cuando somos obedientes a Dios, jamás fracasamos, no quiere decir que no pasemos por pruebas, claro que tendremos pruebas que superar, pero ahí está el punto, mientras seamos fieles y obedientes a su voluntad, superaremos cada una de esas pruebas.

Dios, en su palabra, nos ha dado las instrucciones y lo único que espera de nosotros es la obediencia, cuando aprendamos a ser obedientes, recibiremos las bendiciones que Dios tiene para darnos, esta guerra solo la ganaremos con obediencia, clave de la sabiduría.

La sabiduría

¿Cuántos desearíamos ser sabios?, de seguro nunca cometeríamos errores. La sabiduría de la que nos habla nuestro Padre Celestial es mucho más valiosa que la plata y que el oro, aún más poderosa que el dinero (Proverbios 8). Si procuráramos buscar esa sabiduría como buscamos obtener el dinero, seríamos tan afortunados, nuestras vidas serían perfectas.

Cuando ponemos a Dios delante de nosotros y todo lo que deseamos hacer se lo dedicamos a Él, nos hace maravillosos nuestros caminos y, sin darnos cuenta, tomamos la mejor decisión, sin saber cómo, todo termina bien, porque es la mano de Dios la que hace todo, y su voluntad es tan perfecta que jamás deben sentir miedo, al contrario, están en las mejores manos, las que nos formaron en el vientre de nuestra madre (Salmo 139:16), hermoso salmo, los invito a leerlo y a que lo guarden en sus corazones, enmárquenlo en un cuadro para que, cuando lo vean, les recuerde lo que Dios puede hacer por ustedes, y antes de que piensen qué es lo que mejor les conviene, ya Él lo sabe.

Todos tenemos un don, y es allí donde necesitamos esa sabiduría para descubrirlo y explotarlo, si notan que son buenos para hacer algo, eso que siempre les sale bien, eso que sus familias elogian de ustedes, entonces trabajen en ello (Santiago 1:17).

Si Dios los bendijo con el talento de ser médico, pues sean los mejores médicos en las manos de Dios, hagan una oración cada vez que vayan a ejercer su profesión, vuélvanse un hermano para sus pacientes, pídanle a Dios tener humanidad y amor hacia esas personas, porque todo lo que hagan sinceramente con el corazón, Dios los recompensará grandemente.

Si son políticos y tienen el talento de hacer algo grande e importante por el país, pídanle sabiduría y honradez a Dios y Él les dará ambas, la sabiduría para descubrir a todo aquel que los quiera hacer quedar mal y la honradez para hacer siempre lo correcto.

Amen a su país como si fuera su hogar o su lugar favorito, si tienen la oportunidad de ayudar a otros, no la desaprovechen, aunque no puedan complacer a todos, harán felices a muchas familias y ellos los bendecirán, recuerden que todo lo que hagan deben hacerlo para agradar a Dios y no al hombre, es la oportunidad para dejar huellas valiosas, el momento para que el país los recuerde con amor y los quiera de vuelta.

Si tienen el talento de enseñar y ser maestro, pídanle a Dios paciencia y perseverancia y no solo hagan su trabajo, sean perseverantes en la enseñanza para llegar al estudiante y hacer un cambio positivo en él, nuestros niños y jóvenes son quienes nos guiarán en nuestra jubilación, procuremos hacer exitosos hombres y mujeres.

Tengan en cuenta que todo lo que hagan sea para agradar a Dios, ese es el punto, Dios nunca olvida, pero el hombre sí, Dios siempre es fiel, siembren en Él y verán frutos.

Si tienen el privilegio y la bendición de ser padre o madre, pídanle a Dios sabiduría e inteligencia para guiar a sus hijos y darles principios y valores, recuerden que son el ejemplo a seguir y la primera educación sale de casa. Mientras tengan presente a

Dios y a nuestro Señor Jesucristo en sus vidas, tendrán temor de Dios y nunca se apartarán del camino.

Existen muchos ejemplos de hombres y mujeres que conocieron a Jesús desde que nacieron (Hechos 16:30-33) y hoy son grandes líderes que ayudan a otros a cambiar sus sufrimientos por felicidad, a cambiar sus problemas por soluciones, y esto les hace ser salvos.

Antes pensaba que tener dones era como cantar bonito, con una gran voz, ser un genio con las Matemáticas y los negocios o, en lo espiritual, «hablar en lenguas» o tener sueños y visiones como algunos profetas. Cuando escucho a una persona orando y «habla en lenguas», digo, ¡guau!, ¡qué hermoso!, ¿por qué yo no tengo ese don? Para los que no tienen mucho conocimiento, la palabra de Dios dice que el «hablar en lenguas» es la comunicación que se tiene con lo celestial, nuestro espíritu comunicándose con Dios (1 Corintios 14), y quiero que sepan que fue en ese capítulo de la Biblia que comprendí que, al hablar en lenguas, la persona solo se edifica a sí misma, mas el que profetiza no solo se edifica a sí mismo, también a todo el que lo escucha, comprendí que el amor, la fe y la esperanza son dones dados por Dios y permanecerán para siempre, procuren tenerlos.

El verdadero motivo por el cual Dios nos ha permitido tener hijos

Si nos enfocamos en el proceso normal de la vida podemos descifrar que el momento de tener nuestros hijos es cuando nos casamos, lo cual debe ser luego de haber terminado nuestros estudios y tener nuestra situación económica un poco estable, en otras palabras, debemos planificarlo.

Es cierto que nuestros hijos son una bendición de Dios y el mejor regalo que la vida puede darnos, pero ¿conocemos a fondo la razón por la que Dios nos da hijos?, ¿hacemos la voluntad de Dios durante la educación que les damos? Nuestros hijos no solo son el futuro del mañana, son el ahora, el hoy. Desde que están en el vientre tienen sentimientos, escuchan y entienden. Cuando nacen se acostumbran a lo que les damos y, a lo largo de su crecimiento, reaccionan a lo que les mostramos y enseñamos.

Sí, mis queridos lectores, todo lo que les mostremos a nuestros hijos, lo que les permitamos hacer, ver y escuchar, creerán que es lo correcto si papá y mamá lo aceptan. Quiero que se permitan leer el capítulo Génesis 3:4-6, luego de que lo lean, comprenderán mejor lo que aquí les explico.

Yo respeto a las personas y su expresión, mas no estoy de acuerdo con las creencias, porque estaría siendo hipócrita con Dios y, peor aún, desobediente a sus mandamientos. Por poner solo un ejemplo, un pequeño paréntesis, si una persona está robando, claramente todos estamos de acuerdo con reprender a esa persona, por supuesto que sí, está atentando contra la integridad de otra persona y aprovechándose de ella. Hay que advertirle que robar va en contra de las leyes de Dios y de la nación y será castigado. Ahora, de igual forma, vemos a una persona en idolatría o en hechicería, de seguro la sociedad pretenderá que nadie diga nada y si lo hacemos, ofenderemos el derecho ajeno e irrespetaremos las costumbres, ¿no les parece algo hipócrita?, ¿cómo le explicamos a nuestros hijos que Dios aborrece ambas cosas, pero una sí está permitida y la otra no?

Ambos puntos los menciona Dios en sus mandamientos, pero el mundo se ha vuelto tan delicado y solo respetamos los mandatos de Dios según nuestra conveniencia y no nos damos cuenta de que podremos engañar a nuestros hijos, a la sociedad, pero menos a Dios.

Cuando tenemos conocimiento de algo que está mal, que no es bueno, que no hace bien a nuestros hijos ni a la sociedad, y aun así lo permitimos, estamos haciendo exactamente lo que hizo la serpiente con Eva, engañarla y orientarla a un camino de perdición, aún peor sería hacerlo con nuestros hijos, porque Eva y Adán fueron advertidos por Dios, pero nuestros hijos son ingenuos a todo y nosotros somos sus guías.

A mí me encanta leer la Biblia, esa es mi manera de comprender qué es lo que Dios quiere de mí, allí están todas las respuestas y, por lo que he leído, he comprendido que Dios nos ama tanto que no quiere que el ser humano deje de existir, su amor es tan paciente que ha permitido que generaciones pasen hasta que llegue una que logre salvar a todas las generaciones (2 Pedro 3:9), ese es el trabajo de los padres, cambiar ese chip absurdo que tenemos y que nos dice: «Los seres vivos nacen, crecen, se reproducen y mueren».

Nuestro Dios no es un Dios de muerte, sino de vida y de vida en abundancia, Jesús no vino a condenar al mundo, sino a salvarlo (Juan 12:46), él no quiere que muramos y tampoco quiere que solo nos reproduzcamos y ya, nuestro Dios espera más de nosotros, espera que cambiemos el mundo, espera que acabemos con la maldad y que haya más humanidad entre nosotros.

¿Qué es lo que vemos a diario en las noticias? Hambre, muerte, sufrimiento, mucha corrupción, enfermedades, virus, guerras, leyes inhumanas, delincuencia, y otros problemas más. Hacemos grandes marchas para exigir paz y bienestar, y no está mal hacerlas, pero siendo uno de los que marcha para exigir esas cosas, preguntémonos, ¿somos dador de paz en nuestro hogar, en nuestro trabajo y en nuestra sociedad?, ¿le enseñamos a nuestros hijos a hablar con cariño y respeto hacia los demás, sin obscenidades y sin groserías? Pensamos que al exigir paz podemos combatir la maldad, mas no comprendemos que la maldad solo la podemos acabar con amor, y el hambre, las enfermedades y el sufrimiento los acabamos siendo solidarios, en otras palabras, con amor.

Si de algo estoy segura es de que Dios nos da hijos para que les enseñemos a salvar el mundo, y el mundo somos nosotros, amándonos y respetándonos ayudamos a salvarnos, todo lo que hagamos con amor, fe y esperanza es posible (1 Corintios 13:13).

Así como les enseñamos a nuestros hijos a amarrarse los cordones, a nadar, a montar en bici, entre otras cosas, así podemos enseñarles a compartir y a amar a los demás, a no hacer daño, a no ofender, a darle al que no tiene, a visitar al que está solo y ayudar al que no puede hacer algo por su propia cuenta. Todas esas cosas harían que el mundo fuera mejor, llegaría esa generación que Dios tanto anhela que nazca de nosotros.

Sin darnos cuenta creamos leyes que van de acuerdo con el comportamiento y las costumbres que obtenemos, cuando deberíamos crearlas para que se nos obligue a mejorar, que sean ellas las que nos cambien la costumbre, es cierto que los cambios siempre van a existir, ¿les digo un secreto?, nosotros somos el cambio, entonces, creemos un cambio que mejore la vida, luchemos por un cambio que construya una vida mejor.

Justo lo que le sucedió a Moisés con el pueblo de Israel cuando creó la ley del divorcio (Mateo 19:9), pero que Jesús dijo: «Y yo os digo que cualquiera que repudia a su mujer, salvo por causa de fornicación, y se casa con otra, adultera», creamos leyes para complacer a la sociedad en la dureza de su corazón y Jesús lo deja muy claro.

¡ME ENCANTA HACER PARÉNTESIS! DE SEGURO ESTE LES ENCANTARÁ

Recuerden, mis queridos lectores, que los paréntesis son solo ejemplos sobre la sociedad.

Marcos era un hombre muy exitoso, era el dueño de una prestigiosa juguetería, él y su pareja, Andrés, deseaban inmensamente formar una familia, pero cada intento que hacían por adoptar se convertía en un rotundo no.

—Cómo es posible que haya tantos niños abandonados en orfanatos y este Gobierno no nos permita darle una familia a dos o a uno tan siquiera —eran las palabras de Marcos, tan desilusionado—. ¡No es justo, Andrés!, somos independientes, responsables, ¿de qué nos sirve tener tanto dinero y vivir en una buena casa, si no tenemos con quién compartirla?, ¿qué más quieren?, llenamos todos los requisitos.

—Ten calma, Marcos, ya llegará la oportunidad de hacer feliz a alguien y darle todo nuestro cariño —fue la respuesta de ánimo por parte de Andrés mientras tomaba su sopa—, desesperándonos no lograremos nada.

Marcos, sin perder las esperanzas, decidió asistir a una casa hogar, donde había prometido llevar unos juguetes como donación durante el mes de diciembre. Mientras repartían los juguetes en el orfanato, le llamó la atención una niña de solo cinco años que no quería recibir juguetes, para Marcos fue tan extraño que esa niña no quisiera ni uno solo de sus juguetes, se le acercó, la cargó y le preguntó:

—A ver, amiguita, ¿por qué no quieres ninguna de esas hermosas muñecas?

La niña, con sus ojitos llorosos, le respondió:

—No fueron juguetes lo que le pedí a Santa, por eso no los quiero.

Marcos, aún más intrigado con esa respuesta, le preguntó:

—¿Y qué fue lo que le pediste a Santa? Quizá yo te pueda ayudar.

La niña, entre lágrimas, le dijo:

—Le pedí un papá y una mamá, quiero un papá que me construya una casita en el árbol y una mamá que me peine con sus manos suaves y delicadas y me cante canciones con su tierna voz, seguro serían bonitas para dormir.

En ese momento, Marcos comprendió a cada casa hogar que le había negado la adopción, la niña, de tan solo cinco años le había dado la respuesta, no le había pedido a Santa dos papás o dos mamás, sino un papá y una mamá, eso era lo que ella quería. Todas las preguntas que Marcos se había hecho habían sido respondidas, él tenía todo el amor del mundo para ofrecerle a esa niña, solo que con otras condiciones y entendió que no podía pretender hacer feliz a alguien con condiciones ni exigir algo por encima de los principios y deseos que los demás, por naturaleza, poseen.

Marcos sonrió y le dijo:

—No soy Santa, pero te prometo que encontraré un papá y una hermosa mamá para ti.

Y así fue, ese mismo día se puso en contacto con algunas amistades que le ayudaron a encontrar una familia para la niña, esa misma tarde, mientras cenaba junto a su pareja, le contó todo lo que le había sucedido y lo feliz que se sentía de poder ayudar a cumplir el sueño de esa inocente criaturita.

No podemos imponerle a la sociedad nuestras condiciones para ayudar a los demás, pero eso no quiere decir que no podemos aportar todo lo bueno que tenemos para dar. A pesar de que Marcos sentía un gran gozo en su corazón por ayudar a esa niña, no dejaba de sentir ese deseo de tener a alguien por quién vivir y darle un sentido a su vida.

Dos meses después, mientras almorzaba en un restaurante común de la localidad, se le acercó un niño de diez años y le dijo:

—Disculpe, señor, que lo moleste en su hora de almuerzo, pero ¿le gustaría ser mi padrino de crianza?, pertenezco a esta fundación, la cual no tiene suficientes recursos para pagar mis estudios, tengo buenas calificaciones y no quisiera dejar de asistir al colegio, de lo contrario, debo volver a vender frutas en la calle con mi papá, y no quiero, yo quiero estudiar y ser un gran músico algún día.

Marcos, sin pensarlo dos veces, le dijo:

—¡Sí! ¿Dónde tengo que firmar, muchacho?

Hoy en día, Carlos, el ahijado de Marcos, asiste a un colegio privado, además toma clases de piano, pues le gusta, y todos sus gastos de alimentación y vestido los cubre su padrino. Cada fecha importante para Marcos y Andrés la comparten con su ahijado, y su padrino lo ayuda a encontrar más padrinos y madrinas para la fundación.

Qué grandes cosas puede hacer Dios en nuestras vidas, aunque sus planes puedan ser completamente distintos a los nuestros, al final, son perfectos y maravillosos.

Muchas veces nos apartamos de Dios sin darnos cuenta, nos apoyamos en nuestro propio juicio, sentimos que todo está marchando bien porque trabajamos de manera ardua o porque somos responsables y disciplinados, pero en algún punto de nuestras vidas algo sale mal, algo sucede que nos desmoronamos y es en ese momento cuando algunos nos acordamos de que tenemos un Dios, otros solo terminamos cuestionándolo: «¿Por qué a mí? ¿Qué hice para merecer esto? ¿Por qué lo permitiste?», entre otras interrogantes.

¿DIOS ES CULPABLE?

Con el solo hecho de escribir esta pregunta me convenzo más de que no lo es y termino amándolo aún más, hasta siento mariposas en mi estómago, ¡qué grande y maravilloso es mi Dios!, lo amo inmensamente y cada día le doy gracias por escogerme, por permitirme amarlo y conocerlo, es un privilegio conocer a Dios.

Es aquí donde quiero hablarles sobre los espíritus de enfermedad que les mencioné al principio de este libro. Antes que nada, mis queridos lectores, quiero que sepan que nuestra lucha en este mundo no es en contra del ser humano, lo explicaré mejor, así como sabemos que Dios es un Ser Supremo, creador de todo lo que tiene vida, así como podemos sentir su Espíritu si lo buscamos, también debemos saber que existen seres que lo único que buscan es acabar con la creación y con el propósito de Dios (Mateo 4:1-11).

No se compliquen en buscar una explicación a lo que apenas están por descubrir. **Todos, en esta vida, somos criaturas creadas por Dios**, antes de que sigan leyendo necesito que busquen en su Biblia Job 1:6-12, ¿ya lo leyeron? ¡Perfecto! Todos tenemos que darle cuentas a Dios de lo que hacemos, incluso Satanás.

Si ponemos a Dios como lo más importante en nuestras vidas, Él nos guardará y nos colocará bajo sus hermosas alas, bajo su sombra, dentro de su propiedad, para que nada ni nadie nos dañe, pero eso no quiere decir que el diablo no busque la manera de hacernos caer, de hacernos mover y de sacarnos de esa cobija que Dios tiene para nosotros.

Recordemos que Dios no nos tienta, jamás piensen eso, Dios no tienta a nadie, es más, si se lo pedimos y somos constantes, Él nos libra de las tentaciones.

Tenemos que ser conscientes de que el diablo buscará la mínima oportunidad para tentarnos y apartarnos del propósito que Dios tiene con nosotros, lo hará a través de nuestras debilidades, nos seducirá con aquello que nos haga falta, por ejemplo, si están solos y, por más que lo han deseado, se les hace sumamente difícil encontrar una pareja con quien formar una familia, tengan la plena seguridad de que pondrá delante de sus ojos a muchas personas con familias perfectas, a sus amigos casados y con hijos, solo para hacerlos sentir mal y convencerlos de que de nada sirve amar a Dios y hacer su voluntad, es así como va a buscar la forma de sacarlos de la cobija en la que Dios los tiene, se preguntarán: ¿por qué Dios lo permite? No es que lo permita, lo que está permitiendo es que vean cuánto confían en Él.

Si fuéramos siempre fieles a Dios, incluso en las dificultades, no habría ni una sola abertura en nosotros para que el enemigo introdujera espíritus de enfermedad y de angustia. Sí, mis queridos lectores, cuando nos acostumbramos a vivir sin Dios damos paso a esas cosas, los malos hábitos para mí son espíritus que nos hacen presos.

La Biblia dice que más vale alimentar el espíritu, que el cuerpo, no le permitan a su cuerpo que cree malos hábitos, todo lo que sea cómodo para su cuerpo, inspecciónenlo primero, no se alejen de la presencia de Dios.

Cuando todo marche bien, sean persistentes en su oración, en su acción de darle gracias, incluso procuren estar más cerca de Dios para que el enemigo no les haga caer en tentación.

Jesús, en muchas ocasiones, nos dijo que, en el mundo, por haberse multiplicado la maldad, se enfriaría el corazón de muchos cristianos (Mateo 24:10-12), y ya está sucediendo, ¿cuántos han dejado de asistir a su iglesia por haber descubierto algo malo allí?, ¿cuántos han dejado de comunicarse con Dios porque están cansados de ver desgracias en este mundo?, peor aún, ¿cuántos han dejado de inculcarle a sus hijos que busquen a Dios, su protección, porque su corazón ya se ha enfriado? Triste, ¿verdad?, pero es cierto.

No culpemos a Dios por las cosas malas que suceden, Dios nos ama tanto que nos dio libertad para decidir qué camino tomar, no somos sus esclavos, Él no es culpable de la maldad del hombre, incluso envío a su Hijo al mundo para ser ejemplo de esperanza.

Queridos lectores, ustedes son mi esperanza, la esperanza de este mundo, son el hoy y el futuro del mañana, tienen una varita mágica, úsenla, no la dejen guardada, ¡si supiéramos el poder que tiene la oración! Jesús es agua viva, mientras estén aferrados a él nada podrá destruirlos, empápense de su Espíritu Santo por medio de la oración. No dejen de asistir a la iglesia porque algo no les agradó, recuerden que todo lo que hagan, si lo hacen para agradar a Dios, tendrá frutos.

Un día una persona me dijo: «Yo no creo en las iglesias, yo creo en Dios, esas personas de las iglesias son pecadores igual que yo y hasta peor», ¿quieren saber cuál fue mi respuesta?, «todo ser humano necesita orientación y consejo, decir que no va a la iglesia es igual que decir que no va al hospital porque allí todos están enfermos»; entonces, ¿cómo encuentra consejo y orientación sobre Dios si no es a través de la iglesia?

Pídanle a nuestro Señor Jesús que les dé sabiduría para encontrar su iglesia, las respuestas siempre las encontrarán en su palabra, en la Biblia, aunque no lo crean, mis queridos lectores, siempre llegará un momento en el que necesitarán un consejo o que les expliquen o que les orienten sobre algo que no comprendan, y no todo el mundo tendrá la sabiduría o la respuesta correcta si no conoce a Dios, no dejen de amar a Dios porque el mundo está lleno de maldad.

Las personas que aman al mundo y a las cosas del mundo no aman a Dios, ellos creen que lo aman, pero no es así, están muy lejos de eso, si tienen un ser amado, ustedes no harán nada que lo dañe, el amor que sienten no se los permitirá, es más, detestarán todo lo que lo lastime.

Quiero que analicen esta frase: «Existen muchas cosas en el mundo que lastiman a Dios» (1 Samuel 8:1-7), los invito a leer ese pasaje, a mí me partió el alma de dolor. No dejen de acercar a sus hijos a Dios porque vean que cada día muere gente inocente, ¿creen que habría maldad si todo el mundo fuera fiel a Dios? «Resistid al diablo y huirá de vosotros» (Santiago 4:7).

Recordemos el ejemplo de Cristo cuando Él fue tentado y, después de haber reprendido al diablo y haber resistido, Dios envió a sus ángeles para que ellos le sirvieran, para que estuvieran a su disposición (Mateo 4). Quizá muchos piensen que resistir al diablo es decirle «no te tengo miedo o vete de aquí», para mí ese pasaje nos enseña que resistirse es demostrarle que nada de lo que él haga logrará que dejemos de aferrarnos a Dios.

No necesitamos responder todas nuestras interrogantes para convencernos de que Dios sí nos oye, basta con solo creer y tener fe de que así será, pero ¡qué fácil es para esta mujer decir «tengan fe»!, dirán ustedes, por esa razón quiero compartir un estudio que realicé durante un día que estuve en ayuno y oración, ya que cuando ayunamos y oramos tenemos un arma muy poderosa en nuestras vidas, aunque tengo que reconocer que ha habido veces que mi fe me ha fallado y he perdido, he fracasado y he comprobado que ha sido por mi falta de fe.

Pobreza

¿Qué viene a nuestra mente cuando escuchamos esta palabra?: pobreza, de seguro, la mayoría la liga de inmediato a la falta de dinero o de riqueza económica, carencia de algo importante en nuestras vidas. Para mí existen dos clases de pobreza:

Pobreza socioeconómica: la que todo el mundo conoce, la falta de ingreso económico para mantener un estilo de vida cómodo y apropiado para cada uno de nosotros y de nuestras familias.

Pobreza espiritual: la peor de todas, porque cuando nuestro espíritu y nuestro ánimo está pobre es porque no tenemos a Dios en nuestras vidas.

Quizá muchas personas no estén de acuerdo con el refrán: «El dinero no compra la felicidad», pero así es, yo conozco a muchas personas llenas de lujo y dinero y ni con todo el dinero del mundo pueden comprar la felicidad. No existe nada en el mundo que llene el vacío que solo Dios puede llenar.

Los invito a leer Efesios 3:20 y comprenderán que Dios no solo nos hace ricos en espíritu, también nos da todas las armas poderosas.

Me encanta leer su palabra porque en ella encuentro respuestas exactas a cada duda o incomodidad que se me presenta, por ejemplo, la historia de Jesús cuando sanó al paralítico de Betesda, para los que no conocen la historia, los invito a leerla, Juan 5: Betesda era llamado en hebreo un estanque que estaba rodeado de una gran cantidad de enfermos que ponían su fe allí para, cuando el ángel agitara sus aguas, ellos llegar de primero, tocarla y sanar su enfermedad.

Cuando Jesús llegó a ese lugar le llamó la atención un paralítico que tenía treinta y ocho años esperando que alguien se apiadara de él y que lo ayudara a entrar al estanque porque, por su estado, no podía llegar y tocar el agua antes que los otros, y Jesús le preguntó: «¿Quieres ser sano?, toma tu lecho y anda». Jesús no necesitó del estanque para sanar al hombre y ponerlo a caminar, solo lo hizo, lo deseó en su corazón y dijo la palabra.

Hoy en día no tenemos un estanque, pero sí tenemos una cantidad de medicamentos, de hospitales, de terapias, de inyecciones, etc., pero ¿y Jesús? Él no se ha movido, no se ha ido (Santiago 1:17), sigue aquí esperando que nosotros lo tomemos en cuenta.

Una amiga me dijo una vez: «Me encanta cómo te expresas sobre Dios porque lo haces con el corazón», y así es, desde que descubrí, y he vivido en carne propia, que Dios responde a mis oraciones, no existe otra manera de querer hablar sobre Él, sería egoísta si no lo hiciera, aunque sea difícil de creer, yo amo a mi Dios desde que era una niña muy pequeña, la primera oración que recuerdo haberle hecho fue a mis seis años, lo recuerdo como si hubiese sido ayer, tenía muchos meses que no veía a mi papá (mis padres se habían separado), yo vivía con una tía en la ciudad de Panamá porque mi mamá trabajaba lejos, ese día, entre miedos y tristezas, le pedí a Dios que, por favor, hiciera que mi papá fuera a verme ese mismo día porque lo extrañaba mucho y esa misma tarde mi papá llegó, sé que fue Él quien puso en su corazón el deseo de que mi papá fuera a verme, porque él me lo dijo: «Hoy amanecí con muchas ganas de verte», ya mi Dios sabía lo que iba a pedirle, y cuando vi el carro de mi papá estacionado afuera de la casa fue tan grande mi felicidad que no dejé de gritar: «¡Lo hiciste, papá Dios, gracias, hiciste que él viniera!», en ese año, 1992, no existían celulares ni una sola forma de comunicarme con mi papá, solo por medio de Dios.

Quisiera que cada persona que leyera este libro se regalase la oportunidad de buscarlo y de acercarse a Él. Esta es la enseñanza que tengo para ustedes, mis queridos lectores: «Tengamos la certeza de no ser pobres espirituales», porque la pobreza socioeconómica es un estado pasajero en nuestras vidas que solo lo soportamos mientras nos sintamos cómodos así, hasta ese día tenemos pobreza socioeconómica en nuestras vidas, pero la pobreza espiritual nos ata, nos amarra y no nos permite surgir ni vivir en paz.

¿Quieren que les manifieste algo? Este estudio sobre la pobreza espiritual lo realicé gracias a mi grupo de oración de la iglesia, de no haber sido porque ellos me lo pidieron, no lo hubiese realizado.

No dejemos de congregarnos, procuremos orientarnos siempre por la iglesia de Dios, pidámosle que nos guíe, que nos ayude a encontrar nuestra iglesia y así será.

Repitan conmigo: ¡Señor Jesús, líbranos y echa fuera de nuestras vidas toda pobreza que nos impida acercarnos a ti y recibir tus bendiciones! Apóyense en Jesús, pónganlo en sus vidas, inicien los días y terminen cada noche con Él y verán cambios en sus vidas.

DIOS NO ES UNA OPCIÓN O UNA ALTERNATIVA

Dios es el único camino en nuestras vidas en el que estaremos completos, siempre y cuando no lo tentemos ni pretendamos ponerlo a prueba, sino que nos acercamos a Él con un corazón limpio y dispuesto.

Eso no quiere decir que somos nosotros los que escogemos a Dios y nos decidimos por Él, no, mis queridos lectores, es Él quien nos escoge, es por su voluntad que ustedes están leyendo este libro, por ello, cuando sientan el deseo o la necesidad de buscar a Dios, sepan que es su Espíritu el que pone ese sentimiento en ustedes. Yo doy gracias a Dios que me permitió conocerlo desde muy temprano, Él es mi primer amor y yo soy dichosa de tenerlo. Quizá ustedes digan: «Yo conozco a tantas personas que cargan a Dios en su boca todo el tiempo, hablan de él y son unos farsantes», ¿saben por qué sucede eso?, porque en ningún momento ellos sintieron el deseo de buscar a Dios, sino que lo hicieron con otra intención, para agradar a alguien o porque algunas personas cercanas les insistieron en llevarlos para alguna iglesia o reuniones de oración.

Lo que trato de explicarles es que nuestro Padre Celestial lo que quiere es un corazón dispuesto, su Espíritu Santo escudriña nuestros corazones y es allí donde Él nos escoge y nos llama para conocerlo.

Yo siento que cometemos un grave error cuando obligamos a una persona a asistir a una iglesia o cuando le insistimos demasiado, esa puede ser una de las razones por la que hay personas perjudiciales dentro de la iglesia, incluso algunos se expresan mal y dicen que allí «estamos todos locos», ¡y no me malinterpreten, eh!, no estoy diciendo que dejemos de hablarle a la humanidad de Dios y de su hijo Jesucristo, a lo que me refiero es a que el mensaje no solo debe ser transmitido de forma verbal, sino que primero tenemos que reflejarlo en nosotros, ser ejemplo y mostrarle a la sociedad que Dios está en nuestras vidas, allí es donde ellos van a desear estar y sentirse como esa persona que refleja la presencia de Dios en su vida.

Cuando nosotros, como hijos de Dios, mostremos con hechos que lo amamos, entonces el mundo querrá acercarse a nosotros, sentirá la necesidad de asistir a nuestra iglesia y conocer a Dios, ¿saben por qué?, porque no nos ven convertidos, sino que ven y sienten la presencia de Dios reflejada en nuestras vidas, y ese es el Espíritu Santo que permite que lo invisible de nosotros salga a la luz.

Estos son los verdaderos frutos a los que se refiere Jesús en su palabra (Mateo 7:17): «Todo buen árbol da buenos frutos».

El Espíritu Santo de Dios es el alfarero que le da forma al barro, nosotros somos el barro. Si en algún momento de sus vidas sienten el deseo de conocer a Dios, sigan esa corazonada, atiéndanla, porque es el Espíritu Santo de Dios quien los está llamando.

DIOS ES PADRE, HIJO Y ESPÍRITU SANTO

En el principio de la creación fue el Padre quien se comunicaba con el mundo a través de sus profetas y estos eran escogidos por Él, no eran ellos quienes decidían hablar con Dios.

Luego el Padre envió a su Hijo al mundo a salvarnos de la muerte eterna y fue su hijo, Jesucristo, quien escogió a sus apóstoles, les dio la tarea de enviar su mensaje por todo el mundo y les dijo: «Si me amáis, entonces guardad mis mandamientos y yo rogaré al Padre para que os envíe al Espíritu Santo para que esté con vosotros siempre» (Juan 14:15-16). Su promesa está aquí, no lo dudemos, en el día de hoy es el Espíritu Santo el que se comunica con sus hijos, «si hoy escuchas su voz, no endurezcáis el corazón» (Hebreos 3:15), ¿saben por qué dice no «endurezcáis el corazón»? porque no es a sus oídos a quienes les habla, es a sus corazones.

Mi primer amor tiene alas hermosas

Aprendan a identificar los sueños que vienen de parte de Dios

Cuando tenía doce años tuve un sueño maravilloso, fue el primer sueño en el que estuvo Jesús presente y por más que traté de recordar su rostro, me fue imposible, pero sí recuerdo sus palabras: «No dejen de leer el Salmo 91». Quiero que sepan, mis queridos lectores, que, ese día, cuando desperté, por primera vez leí el Salmo 91 y no fue hasta hace pocos meses que descubrí el significado que tuvo en mí, así que los invito, con todo mi corazón, a leerlo, es hermoso.

El Espíritu Santo de Dios inspiraba al salmista a escribirlo, ese mismo Espíritu que hoy está entre nosotros como lo prometió nuestro Señor Jesús, el mismo Espíritu Santo que describe el libro de Génesis y el que mencionan los apóstoles en sus libros.

Durante el tiempo que escribí este libro, le pedí a Dios que me ayudara a escoger el título para esta obra que, sin su ayuda, jamás hubiera sido posible y fue precisamente en el estudio del Salmo 91 que mi primer y más grande amor me lo reveló, comprendí cómo el salmista explicaba que todo aquel que habita en el abrigo del Altísimo (refiriéndose a nuestro Señor Jesús) morará bajo la sombra del Omnipotente, ¿saben quién es el Omnipotente?, el Espíritu Santo de Dios, sinónimo de la promesa de nuestro Señor Jesús cuando subió a los cielos y envió al Consolador para que habitase entre sus hijos que lo amaban.

«Con sus plumas te cubrirá y debajo de sus alas estarás seguro» (Salmos 91:4), ha sido tan maravilloso haber escudriñado esto, quizá ustedes, mis queridos lectores, ya lo sabían, de no ser así, déjenme compartirles y demostrarles, una vez más, que no estamos solos.

Mi primer amor sigue aquí entre nosotros y tiene alas hermosas y omnipotentes con las que nos cubre y nos libra de todo mal que el enemigo quiera poner delante de nosotros por el solo hecho de amar a nuestro Rey, nuestro Castillo, a nuestro Señor Jesucristo, su hijo.

Podemos encontrar muchos capítulos de la Biblia que nos confirmen que el Espíritu Santo de Dios está entre nosotros hoy, pero que lo haya descubierto descifrando un sueño que Dios me reveló, es impresionante porque es la respuesta que mi Padre Celestial tenía para mí, y esas son las cosas que Dios hace en nuestras vidas cuando nos empeñamos en buscar su rostro, yo no debía entenderlo cuando lo soñé, sino hoy que me lo está edificando y me confirma que los tiempos de Dios siempre son perfectos.

Muchos tienen el pensamiento de que la Biblia es un libro muy antiguo que no encaja con el mundo moderno, pero quiero que sepan que si escudriñan la palabra de Dios se darán cuenta de que nunca ha pasado de moda, les aseguro que no solo encontrarán sentido en las cosas del mundo, sino en sus vidas, en lo que les está aconteciendo.

No permitan que la Biblia que tienen en sus casas solo sirva para adornar un rincón o sea un libro abierto que nunca leen, al contrario, léanla, pero antes pídanle al Espíritu Santo de Dios sabiduría para comprenderla y así será, verán cómo comprenderán todo y, cuando descubran que Dios les habla en su palabra, desearán seguir leyéndola, y luego notarán cómo aquellos que dicen amarlo y conocerlo son ignorantes a la verdadera voluntad de Dios.

Mis queridos lectores, los postreros días de los que habla la palabra de Dios son *hoy*, ¿ven cómo la Biblia sí tiene parte en estos tiempos?, «primero pasarán los cielos y la tierra que su palabra» (Mateo 24:35-51).

El secreto de la vida exitosa

Es comprender que sin Dios es imposible ser feliz, y las personas quizá digan: «Todo lo que yo tengo es gracias a mis propios méritos», lo que me da oportunidad para esta pregunta: ¿puede alguien detener el tiempo? Todo lo que en algún momento pudieron lograr fue porque Dios, en su infinito amor y misericordia, permitió que lo hicieran, entonces creo que en lo primero que deberíamos pensar es en ser agradecidos con Dios por todo lo que nos ha permitido lograr en nuestras vidas.

Si el amor existe es porque Él lo creó, claro, existen muchas cosas malas como el miedo, el odio, el *bullying*, etc., y quizá se estén preguntando: ¿Dios también creó esas cosas? Lo que puedo comprender es que Dios es dueño de todo lo creado por Él y, de la misma forma, es Él quien otorga a las personas lo que es suyo, mas lo creado por el enemigo es él quien lo pone en las personas, porque a eso vino, a matar y a destruir todo (Juan 10:10).

Hay que tener muy claro que, así como existe el bien, existe el mal, son dos puntos opuestos y ustedes deciden a cuál pertenecen, por esa razón tenemos libre albedrío en nuestras vidas. Así que, mis queridos lectores, si son personas inteligentes y sabias, den gracias a Dios que de su creación les permitió ser sabios, y si son personas que guardan mucho rencor, no quiere decir que Dios no los ame, pero sí pueden tener la certeza de que Dios no habita en ustedes, Dios es amor y lo que él espera de nosotros es que nos amemos unos a otros como él nos ama.

¿Ven que pueden identificar que lo malo no viene de Dios?, aunque de alguna manera nos afecten, siempre hay que tener presente que esos malos sentimientos podrán tentarnos, pero depende de nosotros si los dejamos entrar en nuestros corazones, es importante estar atentos.

Identifiquen los espíritus a ver si son de Dios

El Apóstol Juan nos explica en sus cartas que es muy importante que identifiquemos los espíritus para saber si provienen de Dios, quiere decir que habrá muchos que no tienen nada que ver con nuestro Padre Celestial.

Mis queridos lectores, guarden sus corazones de todo lo que los aparte del amor de Dios, porque es de nuestros corazones que emana la vida.

Quizá haya personas que digan a cada rato: «Dios me acompaña a donde quiera que voy», «Dios es mi compañero fiel, yo lo amo» y, de pronto, en menos de una hora, se enteran de que no se hablan con un familiar o con alguna persona por cosas insignificantes, ¿puede esa persona creer que ama a Dios?, ¿cómo puede amar a Dios si no conoce su voluntad?, lo resumo en una simple frase: «Amo a mis hijos, por eso quiero verlos felices», ¿creen que aquellos a quienes ustedes aman son felices cuando los escuchan decir que detestan a su hijo, a su hermano? Le entristecemos el corazón a Dios cada vez que practicamos desprecio o falta de perdón hacia alguien, está claro que una persona así no puede decir que ama a Dios, porque estaría mintiendo (1 Juan 4:20).

Perdonar es más difícil que pedir perdón, pero para Dios nada es imposible, ese sentimiento que el enemigo ha sembrado en nuestros corazones Dios puede sacarlo y sanarlo si se lo pedimos, porque no se trata de perdonar y decir «yo lo perdono», se trata de perdonar y decirle a Dios: «Señor, sáname de este odio, ya no quiero sentir este dolor que me causó esa persona, sáname con tu amor, limpia mi corazón», es allí cuando aprendemos a perdonar y es cuando Jesús nos limpia, porque aprendemos a poner en sus manos todas nuestras cargas para que sea Él quien las lleve, así terminamos entregándole a Dios todos nuestros miedos, odios y rencores que no nos permiten ser felices, porque comprendemos que es Él quien nos da paz y felicidad.

Podemos tener muchas cosas que nos den momentos de alegría, pero al final habrá algo que nos falte y sentiremos que nada nos llena, y ese espacio vacío solo lo llena Jesús, busquemos a Dios mientras pueda ser hallado.

Nuestros pensamientos nos definen

Todo lo que permitimos que entre a nuestra mente puede tener una buena o una mala consecuencia, eso me recuerda una petición que le hice a Dios mientras oraba, le dije: «Señor, si no eres tú el que va hablar por mí, entonces no quiero decir nada», si habláramos y pensáramos conforme a su voluntad, seguro lograríamos grandes cambios; ese mismo día le compuse una canción:

Si tú no vas conmigo, Señor,
entonces no permitas que vaya.
Si no eres tú
el que habla por mí,
no diré una sola palabra,
porque yo no puedo sola,
sin ti soy débil,
eres tú mi poder,

eres tú mi fuerza,
jamás lograría nada
si tú no estuvieras conmigo,
en vano yo trabajo, papá,
si tú no trabajas conmigo,
si al mundo tuviera que salir,
no quiero si no es contigo.

Suena tan sencillo decir: Señor, de mañana en adelante serás tú el que hable por mí, yo ya no diré nada, pero si esto lo tuviéramos presente en nuestra mente, en nuestra oración de cada día, entonces él lo haría posible, y ustedes, mis queridos lectores, lo notarían, es así cómo empezamos a reflejar su amor en nosotros, Dios sabe que, por nuestra cuenta, todo será difícil, ni podemos contar los cabellos de nuestra cabeza, lo importante es confiar en él, incluirlo en nuestras vidas, solo así podemos ser formados a su semejanza.

Dios quiere que seamos fuertes

Somos vulnerables, eso quiere decir que la vida no depende de nosotros, hoy estamos aquí, pero no podemos estar seguros si mañana lo estaremos. Sabemos que Dios le desagrada aquel que se cree fuerte y sabio, entonces, ¿cómo es que Él espera que seamos fuertes? Así como fortalecemos el cuerpo con alimento y entrenamiento, le damos forma y lo hacemos más resistente, así podemos fortalecer y alimentar nuestro espíritu.

Dios nos enseña en muchas partes de su palabra que es más importante alimentar el espíritu que el cuerpo, «el espíritu es el que da vida, la carne para nada aprovecha, mis palabras son espíritu y son vida» (Juan 6:63). Nuestro cuerpo es vulnerable, por más que lo fortalezcamos, pero nuestro espíritu no lo es, los invito a leer Mateo 10:28.

Mis queridos lectores, si supieran lo fuerte que serían si alimentaran y fortalecieran sus espíritus más que a la carne, no le temerían a nada, ni siquiera a la muerte, porque sabrían que nada podría dañarlos, entonces comprenderían lo que nos dice su palabra sobre «vestirnos de la armadura de Dios» (Efesios 6:10).

¿Cómo alimentamos el espíritu?

El alimento para el espíritu es la palabra de Dios, lo alimentamos al ilustrarnos en su palabra, lo fortalecemos en oración constante y ayuno, así el espíritu empieza a despertarse, a sentir sed y hambre de la presencia de Dios, y así deseamos conocer más de su palabra, de su voluntad y no queremos hacer otra cosa que sentir su presencia, entonces empezamos a buscarlo en adoración y en oración, a desear asistir a una iglesia para conocer y estudiar aún mejor la palabra de Dios.

Muchas personas no comprenden por qué la gente insiste en ir a las iglesias, y precisamente es porque lo único que desean es llenarse de la presencia de Dios, pero eso solo pueden comprenderlo cuando lo viven en espíritu, cuando este es más fuerte que el cuerpo, y ya no complacen los deseos del cuerpo, porque pasan a segundo plano, y resulta más importante saciar el espíritu con la presencia de Dios.

Cuando sientan que aman leer la Biblia, amen estar en comunión con Él, su vida cambiará, no les preocupará nada, ya no habrá estrés en sus vidas, no existirá la ansiedad y no podrán explicarlo, pero así será.

Un día le escuché decir a un pastor que nuestro cuerpo es nuestro principal enemigo porque es dominado por la mente y con sus deseos nos hace pecar, luego lo comparé con la palabra de Dios y así es, Jesús dijo (Mateo 26:41): «Estén alerta y oren para que no caigan en tentación, el espíritu está dispuesto, pero el cuerpo es débil», y pensé: «Es débil el cuerpo para orar», mas comprendí que también lo es para caer en tentación, porque sus deseos son saciados por momentos con las cosas de este mundo.

El cuerpo del ser humano es inconforme, nunca lo podemos saciar, sus deseos cambian según sus necesidades, esa es la razón por la que Jesús nos exhorta a vivir en el espíritu, el cuerpo no tiene lugar con Dios, pero el espíritu sí (1 Corintios 15:50).

Para una persona que no lee la palabra de Dios esto es incomprensible, por ello piensan que todo el que ama a Dios es un fanático que cree en lo que no puede ver, pero hasta para eso Dios tiene respuesta en su palabra: «Mi pueblo es destruido por falta de conocimiento» (Oseas 4:6), y no estoy sugiriendo que no se deba alimentar el cuerpo, solo estoy aclarando que no se debe saciar más el cuerpo que el espíritu, el cuerpo puede ser corruptible, pero el espíritu no.

ESTA ES UNA GRAN OPORTUNIDAD PARA HACER UN PARÉNTESIS, LO CUAL ME ENCANTA

Elena era una chica de diecinueve años, muy guapa, por cierto, su familia era una de las más reconocidas y adineradas de la ciudad en donde vivían, lo que jugó a su suerte para ser escogida como reina del festival más importante. Desde niña fue muy popular, estudió en el mejor colegio de la ciudad, los chicos difícilmente le causaban alguna desilusión, a veces era ella la rompecorazones, el único hombre que anhelaba su corazón era su papá, pasar tiempo con él era su vida de ensueño, lo que no sucedía muy a menudo, ya que su padre tenía negocios petroleros y la mayor parte de su tiempo estaba viajando. Elena tenía una voz maravillosa, asistió a clases de canto para formar parte del coro de la iglesia, era el sueño de su madre, una mujer muy apegada a Dios y una de las organizadoras de los eventos de la iglesia.

Sus padres siempre procuraron que mantuviera su mente ocupada porque, a pesar de que ellos le daban todo para verla feliz, ella era una niña muy ansiosa, y en lugares donde cualquiera era feliz, Elena solo sentía tristeza y ganas de llorar, y los lugares, por más divertidos que fueran, le producían nostalgia.

Llegó un día muy importante para Elena y su padre aún no llegaba del exterior, su presentación como reina del festival de la música estaba a pocas horas de empezar, todos esperaban escucharla cantar y ver el esplendor que la familia Molinari-Guzmán se disponía a ofrecer esa noche.

—Mamá, ¿has hablado con papá? ¿Por qué no ha llegado? Quedó de estar aquí hace una hora —fueron sus palabras mientras miraba el reloj.

—¡Relájate, hija, y coopera con la estilista para que estés a tiempo! Seguro no debe tardar —fueron las palabras de ánimo que le dio su madre.

Faltaban tan solo veinte minutos para la presentación de Elena y sonó el teléfono, ¡riiin, riiin!, entre sus zapatos altos y lo pesado de su atuendo fue imposible correr a contestar.

—¡Elena, tu papá! —dijo su madre mientras le pasaba el teléfono.

—¡Hola, papá! ¿Dónde estás? ¿Por qué no has llegado? —ya sabía la respuesta de su padre, pero se detuvo a escucharlo.

—¡No te preocupes, te veré por televisión! Papá tiene asuntos que atender.

—Pero ¿qué puede ser más importante? —le susurró Elena a su padre ya estresada.

—¡El trabajo, hija, es lo que paga tu reinado! Tengo clientes que atender.

En ese momento pesó más el atuendo que llevaba puesto, otro momento importante que papá se perdería, no le quedó de otra que sacar su mejor sonrisa como la reina que toda la ciudad esperaba ver, pero ¿quién creería que esa chica, que lo había tenido todo, tuviera que fingir una sonrisa en su mejor momento? Y mientras sonreía y saludaba, su mente proyectaba lo que haría el día siguiente: «¡Me marcho de aquí mañana mismo!».

Terminó el reinado y sus vacaciones y decidió mudarse a la capital.

—Mamá, he decidido mudarme. Lo siento, pero este no es lugar para mí.

—¿Cómo dices eso? ¿Qué va a ser de mí? Si tú eres mi niña preciosa.

Su madre, sin querer lastimar aún más el corazón de su hija, prefirió callar sobre las andanzas de su padre, era obvio para todos sus conocidos que su padre no era el caballero intachable que Elena idealizaba y, aunque su madre ya lo había superado, no sabía si su hija sería capaz.

—Lo siento mami, pero necesito trabajar —le contestó Elena—. Quiero mantener mi mente ocupada —repetía la frase mientras su madre sostenía su cabeza entre sus piernas.

Para su dicha, su tía-madrina tenía un apartamento disponible en la capital, que sería muy acogedor para Elena, cerca del mar y con todas las amenidades necesarias para mantener su mente ocupada, justo lo que ella necesitaba: gimnasio, salón de belleza, cafetería e internet donde podría realizar sus tareas universitarias, a fin de cuentas, todo lo que ella le pedía a su padre este se lo daba, todo lo económico para, de esa forma, estar allí para ella. La madre de Elena, agradecida, le dijo a su hermana:

—¡Muchísimas gracias, hermana, por el apoyo que nos estás dando!

—¡Con todo gusto! ¡Siempre puedes contar conmigo! —exclamó la tía de Elena, y le insistió a su hermana que debía contarle a Elena todo sobre su padre—. ¡Debes decirle! ¡Es mejor que se entere por ti a que lo descubra por otra parte!

Elena, a los dos meses de estar en la capital, empezó a sentirse un poco mejor, su tía-madrina le había conseguido un trabajo cerca de la universidad donde estudiaba, su papá la iba a visitar más a menudo, aunque ella no se imaginaba por qué, si siempre estaba ocupado, pero no lo cuestionaba, no fuera a ser que su suerte cambiara, todo marchaba a la perfección para Elena y para su familia, hasta que llegó el día que todos temían que llegara, Elena salió tardísimo del trabajo, solo le quedaban diez minutos para llegar a su primera clase universitaria, se disponía a cruzar la calle cuando vio el carro de su papá, lo que la llenó de emoción, y pensó en darle gracias a Dios porque sabía que su padre la llevaría a clases a tiempo, de inmediato se acercó al vehículo y reconoció la placa, sin dudas ese era, «¡le daré la sorpresa!», fueron sus pensamientos, pero sin esperarlo, vio que una mujer, casi de su edad, quizá de unos veinticinco años, se bajó del vehículo, extrañada, volvió a mirar la placa del auto y dijo:

—¡Este es, sin dudas! Pero ¡no entiendo! Disculpe, señorita, este es el carro del señor Alfonso Molinari, ¿usted quién es?

La joven, sin saber quién preguntaba y un poco molesta, quiso hacerse la importante y cuestionó a Elena:

—¿Y tú de dónde conoces a mi marido?

Elena no supo qué responder, el mundo se le fue encima, cada una de las veces que su padre la había dejado esperando, ahora tenían una respuesta, un por qué.

La primera persona que le llegó a la mente fue su madre, en ese momento reaccionó y lo único que se le ocurrió fue írsele encima a la atrevida mujer que llamaba «marido» al esposo de su madre.

—¿Cómo te atreves? ¡Me entregas en este mismo instante las llaves del carro! ¡Atrevida! ¡Desubicada! —le gritaba mientras sus dos manos estaban sobre la hermosa melena larga que tenía aquella mujer que le había robado todas las oportunidades de estar con su padre.

En ese preciso momento escuchó llorar y gritar a un pequeño niño que se encontraba dentro del carro, «¡mami, mami!», cuando lo miró, cayó al suelo en *shock*, todo parecía un sueño, «¡esto debe ser una pesadilla!», se repetía Elena, mientras la mujer histérica cargaba a su hijo y le gritaba a su marido por teléfono que una chiquilla loca la había atacado en la calle por su culpa.

Eso no fue nada para Elena, después de hablar con su madre se sintió aún peor al enterarse de que era la única que no sabía nada y todos le veían la cara a diario. Apagó su celular, tenía casi treinta llamadas de su padre, era la última persona con la que quería hablar. Mientras caminaba hacia el apartamento le empezó a pasar de todo por su cabeza, parecía una loca caminando entre tantas personas que pasaban justo por esa peatonal, tropezaba a todo el que le llegaba por enfrente con su maquillaje por todo el rostro, su mundo estaba incompleto, no tenía razones para vivir, sabía que las visitas de su padre se habían acabado porque no lo quería ver nunca más, era como si hubiese muerto en vida, su héroe había dejado de existir, «¿qué será de mi vida sin él?», pensaba.

APRENDIENDO A RESISTIR

No solo demuestran ser un buen cristiano cuando resisten y se proponen que nada ni nadie los moverá de su dirección, sino cuando aprenden a ser equilibrados y, a pesar de todo, no renuncian. Es así como Dios transforma el barro en maravillosas vasijas, hablando metafóricamente o en parábolas. Dios es tan perfecto que no solo nos prepara para el mundo espiritual, sino para nuestro entorno, para nuestro día a día.

Quiero aprovechar para mencionarles sobre un capítulo de la Biblia que habla del espíritu inmundo que vuelve (Mateo 12:43-45), si no lo conocen los invito a leerlo, quizá algunos no lo entiendan, pero si le piden a Dios de su perfecta sabiduría, lograrán comprenderlo.

Elena, conoció a Dios gracias a su madre que la instruyó en los caminos del Señor desde que era una niña y, a pesar de sus tantas decepciones, jamás se rindió, jamás se apartó de su fe. Le tocó una infancia de lujos y privilegios que, cualquiera diría que no le faltaba nada, que tenía una vida perfecta, pero en los momentos más importantes nadie notaba su dolor, su angustia, ella sonreía por fuera, pero por dentro ardía de dolor y llanto. Aun así no le dio oportunidad a ese espíritu de depresión, ella confió, una vez más, en su Dios, quien siempre la sostuvo, el único que conocía su dolor, y aunque el enemigo se empeñara en demostrarle lo contrario, en susurrarle al oído que Dios no existía, que su vida no tenía sentido, solo eran espejismos lo que veía, porque cuando cantaba y cerraba los ojos, veía el amor de su Dios que le decía: «¡No te rindas! Lo malo tiene su final».

Mis queridos lectores, la depresión es un enemigo que no tiene raza ni clase social, va como león rugiente buscando a quien devorar, no le permitan que les gane la batalla, ninguna tristeza es eterna, el amor de Dios lo vence todo, aférrense a ese amor y, aunque todo los haga dudar y ver lo contrario, repítanse cada vez que eso suceda: ¡Todo pasará! ¡Todo tiene un final! ¡No hay nada que sea eterno! ¡Solo Dios es eterno y este sufrimiento, en el nombre de Jesucristo, se termina hoy!

Te lo dice una persona que su niñez no fue fácil, tuve millones de razones para dudar, y hoy en día sonrío y le digo a Jesús: «¡Gracias, porque nunca me soltaste!».

Todo pasó, todo terminó y Dios, en su infinito amor, demostró su gloria en mi vida e hizo valer su palabra cuando dijo: «Es más fuerte el que está en nosotros, que el que está en el mundo» (1 de Juan 4:4).

Todo sana, todo deja de ser, Dios es el único que no se muda ni deja de ser, aferrémonos a él, anclémonos a sus pies, a su Espíritu Santo.

He descubierto que la palabra de Dios es como un océano donde nos sumergimos y encontramos fortaleza, amor, consejo, paz, paciencia, sabiduría y todo lo que nos hace sentir gozo y tranquilidad, y mientras más la leemos, más nos sumergimos en ella y comenzamos a comprender todo lo que nuestro Señor Jesús nos enseña, como cuando nos dijo: «Mis palabras son espíritu y son vida» (Juan 6:63).

No estamos solos en este mundo, no hay un final con la muerte del cuerpo, tenemos un espíritu que debe ser más alimentado que el cuerpo, y cuando ignoramos el verdadero propósito del por qué estamos aquí, no solo nos condenamos a nosotros mismos, sino que dejamos esa huella en el mundo para perdición de otros, lo que sembremos, eso cosecharemos en nuestros hijos, hagamos la diferencia y cortemos la cadena de lo que estamos viviendo hoy en día, luchemos por un mañana mejor y no perdamos la fe ni la esperanza que con amor todo cambia para bien, Dios nos ha dado una herencia que no sabemos cómo usar, aprendamos a descubrir sus dones y procuremos vivir para el espíritu y no para complacer el cuerpo (Romanos 8).

El que tenga oídos que oiga, dice el Señor. Dios me los guarde bajo sus hermosas alas de ahora en adelante, en el nombre de Jesús. Amén.

OTROS TÍTULOS RELIGIOSOS

Dios la esencia y la verdad (Elizabeth Huerta)

Todo va a estar bien (Jean Samira)

Tu gracia es suficiente (Diana Ramírez Torres)

Al borde de un colapso ministerial (Yesid López)

Para ver la victoria tienes que creerle a Dios (Dorma Dubón)

La batalla del músico (José Benítez)

www.ingramcontent.com/pod-product-compliance
Lightning Source LLC
LaVergne TN
LVHW090126160826
845673LV00015B/1040
9786125078377